走近轨道交通科普系列丛书

TRAMWAY
走近有轨电车
设计篇

张中杰 主编

陈锦剑 朱观华 副主编

同济大学出版社·上海

图书在版编目（CIP）数据

走近有轨电车. 设计篇 / 张中杰主编. —上海：
同济大学出版社，2022.8
（走近轨道交通科普系列丛书）
ISBN 978-7-5765-0352-4

Ⅰ. ①走… Ⅱ. ①张… Ⅲ. ①有轨电车 - 设计 - 青少年读物 Ⅳ. ①U482.1-49

中国版本图书馆CIP数据核字（2022）第154150号

走近轨道交通科普系列丛书
走近有轨电车——设计篇

张中杰　主编

陈锦剑　朱观华　副主编

策划编辑	陆克丽霞		责任编辑	胡晗欣	
责任校对	徐逢乔		装帧设计	潘向蓁　王　翔	

出版发行	同济大学出版社　www.tongjipress.com.cn	
	（地址：上海市四平路1239号　邮编：200092　电话：021-65985622）	
经　　销	全国各地新华书店	
印　　刷	上海安枫印务有限公司	
开　　本	710mm×1000mm　1/16	
印　　张	7.5	
字　　数	150 000	
版　　次	2022年8月第1版	
印　　次	2022年8月第1次印刷	
书　　号	ISBN 978-7-5765-0352-4	
定　　价	58.00元	

本书若有印装质量问题，请向本社发行部调换　　　版权所有　侵权必究

走近轨道交通科普系列丛书编委会

主　　编：张中杰
副 主 编：陈锦剑　朱观华
编委会成员：王浩然　陈　希　姚　幸　沈继强
　　　　　　刘苗苗　金建飞　郭伟华　王君如
　　　　　　李明广　吕培林　邵雪莹　廖晨聪
　　　　　　吴　航　张栩衡　陈　晨　秦　舒
　　　　　　张劲松　刘士煜　裘珍妮　吕圣华
　　　　　　全英格尔　严　妍

总 序

  城市轨道交通作为一种绿色低碳的城市交通系统，是目前解决我国城市交通问题和大气污染问题的最佳方式。早在20世纪90年代末，国内就已掀起了城市轨道交通建设的热潮，并且范围越来越广。随着城市轨道交通建设如火如荼地进行，城市轨道交通科技也在蓬勃发展。土建、车辆、供电、通信、信号、综合监控、机电设备及消防系统等与城市轨道交通相关专业的技术成果丰硕。城市轨道交通成为支撑、引领经济快速发展和推动社会进步的新引擎。因此，推动轨道交通领域的科技进步与创新、促进先进技术的更新与应用、提高群体科学素养就显得尤为重要。

  "走近轨道交通科普系列丛书"正是从广大市民的角度出发，围绕大家关心的问题，以"一问一答"的形式，深入浅出地介绍城市轨道交通科学知识及安全出行要点。本套丛书语言通俗易懂、叙述生动有趣，地铁源于"查尔斯·皮尔逊与老鼠的一次历史性的'会面'""地铁车辆每节车厢下面都'别有洞天'""你可以想象列车凭借一根钢轨悬挂在半空中"……这些阐述均来自本套丛书，相信一定能够激发读者对轨道交通的浓厚兴趣，为他们打开一扇了解轨道交通的窗口。

本套丛书的编者中有活跃在轨道交通设计研究工作第一线的青年科技骨干，也有活跃在教育领域第一线的青年教师。他们在总结实践经验的基础上，碰撞思维、跨界交流、精心甄选，为读者描绘出一幅幅轨道交通的知识画卷，带领大家感受轨道交通前沿科技的魅力。同时，本套丛书还有助于拉近读者与轨道交通专业工作者之间的距离，让读者能够理解城市轨道交通建设中必不可少的"阵痛"，学习轨道交通突发事件的正确应对方式，从而更好地融入新时代城市数字化转型的进程，进一步认可接受并选择绿色低碳出行，助力国家实现"双碳"目标。

全国勘察设计大师

2021 年 12 月

丛书前言

城市轨道交通是人们出行的重要交通工具。相比于城市道路和桥梁，轨道交通是一个较新的领域，因此不易被青少年及广大市民所了解。在日常搭乘轨道交通的过程中，有时人们会像历史学家，关心地铁发明者是谁、地铁的出生地在哪；有时人们像设计师，关心地铁是如何穿越江河、如何"掉头"的；有时人们又像文化学者，关心地铁线路颜色背后的故事、有轨电车的艺术长廊……

于是，城市轨道交通仿佛变成了一个个问号：这是什么？那是什么？为什么会这样？为什么会那样？……怎样才能方便又贴心地满足大家无穷无尽的好奇心和求知欲呢？"走近轨道交通科普系列丛书"就是一个不错的选择，可以帮助大家解决不少的疑问。

本套丛书共十册，分别为《你不知道的地铁历史》《你不知道的地铁设计》《你不知道的地铁建设》《你不知道的地铁运营》《你不知道的地铁文化》《你不知道的轨道交通》《走近有轨电车——趣谈篇》《走近有轨电车——设计篇》《走近有轨电车——建造篇》《走近有轨电车——运营篇》。本套丛书以地铁、有轨电车及其他轨道交通为主题进行编排，从历史、设计、建造、运营、文化等角度进行阐述，内容丰富、涉及面广，语言简洁易懂、生动有趣，不仅可以最大限度地满足读者对轨道交通知识的需求，而且还能让读者充分理解城市轨道交通建设的艰辛与不易。

本套丛书的内容融入了编者们在这一领域多年的积累，所包含的条目都经过编者们的精心挑选和甄别，向广大读者描绘了近 200 年城市轨道交通的绿色发展历程，希望借此能加深读者对我国"碳达峰与碳中和"目标的理解，引导绿色低碳出行。同时，本套丛书还展现了当今城市轨道交通涉及的各种前沿技术，让读者能深刻地感受到数字化带来的科技与便利，赋能数字化实践，助力城市数字化转型。

本套丛书得到了上海市科学技术委员会科普专项项目资助，也得到了上海市城市建设设计研究总院（集团）有限公司、上海中学、上海交通大学、同济大学出版社、中铁五局集团有限公司等单位的支持，在此表示衷心的感谢！

本套丛书中的少量图片来自网络，无法联系到图片版权所有者，在图片下方均已标明图片来源，若有相关事宜需要处理请与我们联系。

由于编者们的工程经历及学术水平有限，书中疏漏及不当之处在所难免，敬请广大读者不吝指正。

本书编委会

2021 年 12 月

目 录

总序

丛书前言

1	有轨电车比常规公交车更好吗	1
2	有轨电车和地铁一样吗	3
3	有轨电车的噪声振动严重吗	6
4	有轨电车站台和地铁站台一样吗	9
5	有轨电车车站和公交车站一样吗	11
6	有轨电车一定要设计成专用车道吗	13
7	怎么避免有轨电车被其他车辆碰撞	16
8	有轨电车设计时速是多少	18
9	有轨电车接触网对道路交通口影响大吗	20
10	有轨电车是怎么保证夜间行车安全的	22
11	有轨电车车站怎样保证乘客上下车的便利	24
12	可以通过设计有轨电车以缓解堵车吗	26
13	哪些设计保障残障人士安全乘坐有轨电车	29
14	有轨电车设计如何考虑票制票价	31
15	有轨电车的钢轨带电吗	33

16	有轨电车开通后沿线地块会增值吗	35
17	有轨电车耗电量高吗	37
18	有轨电车车厢之间是怎么连接的	39
19	为什么城市的有轨电车所经过的路口会像蜘蛛网一样	42
20	有轨电车会不会占用道路资源	44
21	有轨电车停靠站台时是怎么确定准确位置的	46
22	有轨电车发车间隔最短是多长时间	48
23	有轨电车的尺寸都一样吗	51
24	有轨电车每节车厢之间的连接方式都一样吗	53
25	有轨电车的道岔控制是怎么设计的呢	55
26	有轨电车只能行驶在钢轨上吗	57
27	为什么有的有轨电车是带"小辫子"的，有的是不带"小辫子"的	59
28	有轨电车晚上回哪里"睡觉"	61
29	有轨电车车站形式是怎么选择的	63
30	有轨电车设计使用年限是多久	65
31	建设有轨电车贵吗	67
32	有轨电车到达终点后怎么办	68
33	行驶在路上的有轨电车为什么看不见轮子	70
34	有轨电车忽然停电了怎么办	72
35	有轨电车的钢轨和路面是平齐的吗	74

36	为什么有轨电车的供电接触网看上去比地铁和高铁的简单	76
37	为什么有的有轨电车有橡胶轮	78
38	有轨电车如何保证准点率	80
39	轨道终点是否设置挡车的装置	82
40	为什么有的钢轨错综复杂	84
41	有轨电车线路系统都包含了什么	86
42	有轨电车轨道上有杂物怎么办	88
43	有轨电车接触网线布置为何呈"之"字形	90
44	有轨电车和地铁行驶的钢轨是一样的吗	92
45	有轨电车道床有小石子吗	94
46	有轨电车建设在既有桥梁上如何改造	97
47	有轨电车的排水设施是怎么设计的	99
48	有轨电车在设计时考虑非正常状态运营了吗	101
49	有轨电车在道路上的断面形式是怎么考虑的	103

参考文献　　　　　　　　　　　　　　　　　　　　　105

 有轨电车比常规公交车更好吗

  无论是在老上海时期还是在今天，有轨电车在中国都代表了洋气和时尚，也代表了城市形象。有轨电车和常规公交车都属于常规公共交通系统，要是把有轨电车比作是限量版公共交通系统，那常规公交就是基本款公共交通系统。

  首先，有轨电车最大的优势在于单位时间内可以运输的乘客数量比常规公交车多。一辆常规公交车的车长通常在 12 m，而一辆有轨电车的车长通常在 35 m 或者更长，是常规公交车的 3 倍左右，可以装载的乘客数量就肯定大于 3 倍了。所以，当有轨电车因为一些原因中断运营时，路边会停满公交车来接驳。

有轨电车

其次，车子长了，在道路上行驶的难度就更高了，要是使用"基本款"，那么转弯的时候可真是变成迪士尼的"小矮人矿车"了呢！这时候，"限量版"就体现出价值了，因为有轨道的约束，长长的有轨电车即使遇上弯道，也是四平八稳、安全可靠的。

再次，有轨电车的运营方式是介于常规公交车和地铁之间的，虽然是开在道路上，但是有轨电车是能够严格按照时刻表发车和运行的，在准点率上常规公交车可真是望尘莫及了。

最后，有轨电车一般都采用电力驱动，行驶在固定轨道上的有轨电车不仅拥有不受外界干扰的走行线路，而且没有轮胎磨耗，比起常规公交车速度更快，也更环保。

② 有轨电车和地铁一样吗

上一个问题提到有轨电车的运营方式是介于常规公交车和地铁之间的，那么它与地铁到底有多少区别呢？世界上第一条地铁是英国伦敦的大都会地铁，其建于 1863 年，采用的是蒸汽机车。1890 年，也是在英国伦敦，开始由电力机车在 5.6 km 长的一段地下铁道上牵引车辆。

世界上第一台有轨电车是 1881 年在德国柏林制造的。它的发明者是维尔纳·冯·西门子，就是西门子公司的创始人，西门子真是样样精通的能人呀！有轨电车和地铁应该算是近亲，但是它们又分属不同的家族：地铁是属于大运量的快速轨道交通系统，有轨电车则通常属于中低运量但常规的公共交通系统。

"叮铃铃，叮铃铃"，1908 年 1 月 31 日，上海第一辆有轨电车从静安寺车站驶出，并在爱文义路（今北京西路）上进行试运行和相关设备的最后调试。3 月 5 日清晨，上海第一条公交线路——英商 1 路有轨电车线路正式通车，全线总长 6.04 km。自此，有轨电车开始穿梭在老上海的大街小巷。有着窈窕身段的旗袍女郎挎着手袋，优雅地踏上电车，头戴礼帽的老绅士们侧倚在车厢里的木长椅上，气定神闲地看着窗外沿途的风景。张爱玲的小说中写道："一阵欢快的风刮过这大城市，电车铛铛铛往前开了……"《情深深雨濛濛》《新上海滩》等影视作品，也不约而同地选择用有轨电车来还原老上海的场景。

"你们有幸遇见这样的时代，但时代更有幸遇见这样的你们。"《后浪》里的这句话用在这里再合适不过了。随着时代的发展，城市正在从大向小、从粗到细地发展，在很多城市争相大规模修建地铁的同时，大家逐渐把目光投向了用于中小城市的骨干交通、大中城市地铁网络的补充或延伸，以及一些特色旅游或产业线路的有轨电车。有轨电车和地铁在各自的领域各司其职、各显神通。它们最大的区别在于单位时间内可以运送的乘客数量不同，地铁单向高峰每小时客运量

网红有轨电车

（图片来源：https://cdn.pixabay.com/photo/2020/02/20/21/57/lisbon-4866023_960_720.jpg）

3万~6万人，有轨电车单向高峰每小时客运量6 000~10 000人，介于它们之间的还有单向高峰每小时客运量1万~3万人的轻轨。

此外，它们运行的地方也不一样。有轨电车一般是在城市道路中行驶的，在道路交叉口和社会车辆共用道路资源，而地铁都是在全封闭情况下运行的。有轨电车比地铁轻，适用范围更广泛、造价更低，施工难度也更低，但是它的舒适性、可靠安全性及准点性与地铁有得一拼。我们在道路上都可以看见有轨电车那鲜明的现代化外貌和色彩，因此也可以说它更接地气。自20世纪初"铛铛车"声名远扬后，有轨电车潮流再次袭来，网红打卡点都少不了有轨电车们。

葡萄牙网红有轨电车

（图片来源：https://cdn.pixabay.com/photo/2020/10/06/06/51/city-5631411_960_720.jpg）

3 有轨电车的噪声振动严重吗

电影里"铛铛车"开起来时"轰隆轰隆"的声音往往盖过了主角说话的声音,地铁行驶在隧道里时我们也都经常能听到"轰隆隆"的响声。那么有轨电车行驶在地面上,轮子是钢的,轨道是钢的,硬碰硬的响声是不是会更大,从而影响周边居民的日常生活呢?

其实这只是电影里的夸张效果,大家可真是误会了有轨电车呢!实际上它的动静是很小的。

我们平日里看到的有轨电车虽然行驶在道路上,但它全靠钢轮与钢轨之间的相互作用来运行,无论道路如何起伏,对行驶在轨道上的电车都没有太大影响。另外,在有轨电车的设计中,还会采用一种神奇的材料包裹在有轨电车运行的轨道上,进一步降低了运行过程中的

有轨电车草皮路面(一)
(图片来源:https://cdn.pixabay.com/photo/2022/01/24/16/48/road-6964001_960_720.jpg)

有轨电车草皮路面(二)
(图片来源:上海松江有轨电车投资运营有限公司)

检测有轨电车的噪声

振动和噪声。专业工程师还会监测有轨电车运行过程中产生的噪声、振动的影响。水泥搅拌车经过时等效声级为 83.8 dB；小货车经过时等效声级为 82.2 dB；吊车经过时等效声级为 84.2 dB；大客车经过时等效声级为 79.2 dB；而有轨电车经过时等效声级则在 70.0～73.9 dB，最大声级为 77.5 dB。可见，有轨电车经过时比大型车辆的噪声影响都要小，小了约 10 dB。水泥搅拌车经过时等效振动为 71.7 dB；大客车经过时等效振动为 70.2 dB；而有轨电车经过时等效振动为 59.4～71.3 dB。从监测结果可以看出，有轨电车经过时的振动水平和大型车辆经过时的振动水平较为接近，振动的强弱和车轮与钢轨之间的摩擦有一定的关系，但只需平时注意对钢轮和钢轨的养护，就能减少振动的影响。

有轨电车的工作环境本就是车水马龙的道路，因此行驶中发出的响声也不会显得突兀。"铛铛车"兢兢业业工作的同时，还是城市乐章里悦耳的音符。

 有轨电车站台和地铁站台一样吗

有轨电车站台和地铁站台功能定位不同,在规模上可是大有不同。

首先,我们了解一下有轨电车和地铁的区别。地铁穿梭于城市的地下,地铁工程大部分修建在地下,偶尔也延伸到地面或者设在高架桥上,且全封闭施工和运营。有轨电车主要走行在地面上,属于地面交通,整个修建过程和运营可谓"肉眼可见",因此存在感很强。有轨电车的运营管理接近于常规地面公交,车站内通常不设管理人员。因此,开放式是有轨电车车站的主要特征,虽然车站形式与造型简单,但是又会和城市景观融合得非常好,开敞、明亮。所以呢,有轨电车站台的规模比地铁站台小很多,其更类似于公交车站台。

现代有轨电车车辆类型可分为高地板、低地板两大类。其中,高

地铁站台

(图片来源:https://cdn.pixabay.com/photo/2016/11/23/14/34/blur-1853234_960_720.jpg)

有轨电车站台和地铁站台一样吗

有轨电车站台

地板为类似于地铁车辆的全车地板面齐平,需使用专用站台上下车。低地板又分为70%、100%两种。70%低地板有轨电车的车门处距离地面只有350 mm左右,与常规公交车第一级踏步高度类似,在车厢两端有高地板区域。100%低地板有轨电车的全车内部距离地面均为350 mm左右,车内虽然在车轮上方的地板有斜坡凸起,但整车地板仍然基本保持水平。目前世界各地多采用100%低地板有轨电车,我国有轨电车的站台基本也仅高出地面260~280 mm,而地铁站台则有1 m多的高差。要是一不小心有物品掉落到有轨电车轨行区,在有工作人员帮助的情况下还是能比较容易取回的,但是我们在等待有轨电车时可千万不能进入有轨电车行驶区域哦!

5 有轨电车车站和公交车站一样吗

贺岁片《人潮汹涌》里陈小萌在有轨电车车站跟踪曾九蓉，从车上跟到站台，再从站台跟到了天桥上。2020年的热剧《三十而已》也多次取景有轨电车。有轨电车的车站与地面公交车车站好像也差不多，可为什么频频出现在电影里呢？那就要说说它亲民而又非一般的配置了。

因为有轨电车通常作为城市形象标志和区域骨干交通，所以有轨电车的车站也会比一般的公交车站多了信息设施、便利设施、安全设施、运营设施和商业设施等。信息设施包括地图、网络图、线路图、时刻表和站牌等，有的也采用电子信息系统；便利设施包括座椅、垃圾箱、饮水机和挡风板等；安全设施主要包括监控、照明、紧急呼叫和公共广播等设施；运营设施主要包括售票机、司机休息室等；商业设施包括广告展示设施、售卖机等。

公交车站

有轨电车车站的设计通常还与城市特点及运营模式密切相关,如欧洲城市的有轨电车采用简约的风格,车站设售票机,车上设验票机;美国凤凰城有轨电车强调顶棚的遮阳功能;沈阳有轨电车为方便市民冬季乘车,在站台设有"暖亭";上海松江有轨电车就结合了立体过街需求,将有轨电车与人行天桥连在了一起。这些设计也是有轨电车车站与一般公交车站的不同之处。

有轨电车车站

6 有轨电车一定要设计成专用车道吗

首先要来说说何谓路权，路权可简单地归纳为"该时刻该处道路的使用权限"。你是该畅通地行驶，还是该慢、该让、该停，都取决于路权。但是，每个国家和地区对路权的定义是不一样的呢！美国的路权表述为在通行中或者在路口处的优先权，车辆必须避让有优先权的行人和有优先权的其他通行车辆；在英格兰和威尔士，公共路权是指在法律保护下可自由反复通行道路的权利；在苏格兰，路权是指公众在某段路至少已经有20年不受阻碍地通行了。是不是很有趣呢？那么现代有轨电车的路权形式是什么样的呢？它的路权可分为专用路权、半专用路权和混合路权三种模式。

由于现代有轨电车的建设多数是依托既有道路进行改造建设的，一般采用地面敷设方式，所以现代有轨电车采用较多的是半专用路权加混合路权的路权形式。这种路权形式是指在特定路段上，通过标线或实体隔离设施将有轨电车与其他城市交通相隔离。在交叉口，有轨电车与其他交通共享路权，采用信号相对优先策略，保障有轨电车享有比其他社会车辆优先通过的权利。此种路权形式对既有道路改造的工程量较少、造价较低、工期较短且效果较明显，但需对道路的交通组织进行一定程度的调整。所以该路权形式适用于道路资源紧张、改造条件受限、对运行速度及准点率要求不高的线路，如以旅游功能为主的线路等。

上海市松江有轨电车曾经由于专用路权而引起了一些尚不适应新生交通方式的其他车辆的"不满"，但很快通过交通组织和信号系统的调整消除了大家的误解。公共交通是上海市乃至全国的发展方向，松江有轨电车正是公共交通的典型代表。由于越来越多的私家车过度占

有轨电车在路上行驶

松江有轨电车车站

用社会道路资源,而其他车辆的运力远远小于有轨电车每辆300多人的运力,也不符合社会资源配置最大化的原则,因此路权本身就应当优先配置给这种公共交通工具,使得公共交通运力得到发挥。对于"路权之争",应该更多地引导其他交通方式转向公共交通,这正是实现"双碳目标"的重要一步。

7 怎么避免有轨电车被其他车辆碰撞

劳斯莱斯车价昂贵。大家也都明白，基本上这样的豪车出现交通事故所产生的维修费用也是非常贵的，甚至让人直呼不敢相信，难怪不少人在跟这样的豪车发生碰撞事故后，如果又是自己负主要责任的话，都会说这下要卖房赔偿了。一辆劳斯莱斯轿车的价格在几百万甚至上千万元，我们的有轨电车价格堪比劳斯莱斯，也是千万级的"豪车"，其维修成本也不低哦！因为有轨电车是严格按照轨道线路设计来运行的，并且受控于城市道路交通信号设施，因此只要我们都严格遵守交通法规，就可以避免电车受伤害的情况。

那么哪些情况下会发生碰撞呢？相应地，我们又要注意什么呢？

有轨电车和其他车辆发生交通事故

第一，左转机动车抢行。一般在有轨电车运行初期，私家车可能会因为不适应交通环境的改变而抢路，易与有轨电车发生碰撞事故。因此，有轨电车在途经平交路口时，我们应按照交通信号灯行驶，注意让行有轨电车。

第二，其他车辆在有轨电车运行区域行驶、停放。对此，我们要注意不能随意进入有轨电车专用路段，并与电车保持安全距离。此外，严格禁止在有轨电车运行区域内停放车辆。

第三，向有轨电车运行区域抛扔杂物，尤其是硬质物体，如石头、金属等，这些都可能酿成事故。

第四，当其他车辆的高度超过 4.5 m 时，就会刮碰到高压线导致触电。货车、渣土车等车辆通过有轨电车路口时要注意高度，应当绕行有轨电车路线，以免刮到电线，发生触电。

8 有轨电车设计时速是多少

在出行高峰期或是节假日，城市道路时常会因为车多拥堵而出现车速缓慢的现象。无论你驾驶的是法拉利还是迈凯伦，遇上这般境地也只能缓慢前行，车速开上 20 码都够呛。再看看身旁"呼啸而过"的有轨电车，纵使是顶级跑车，此刻是否也没有有轨电车来得风光呢？

我们在城市中平日可见的有轨电车，能运行的最高速度和它的设计速度有关，当运行速度高于设计速度时便会增大事故风险。一般车辆的最高行驶速度可以达到 70～80 km/h。由于大部分路段采用专用路权的形式，配合信号优先的控制，有轨电车在城市中穿行的平均速度可以达到 20～25 km/h！"独门独户"的地铁平均速度也只不过

有轨电车的光影速度

30～35 km/h。飞人刘翔110米栏跑的冠军速度是36 km/h，也就是说我们的有轨电车在运载这么多乘客的情况下可以达到"世界速度"的三分之二呢！苏州有轨电车运行速度全国最快，可达33 km/h，比肩地铁。

当今社会，快节奏的工作生活使人们对交通工具准点率的要求越来越高，而有轨电车的准点率可达到99%以上。控制中心可对上线车辆的位置、运行速度、早晚点状态等进行全面、实时的精准监控。如果因特殊情况引起车辆误点，车辆实时位置图标会自动逐级变色，提示调度人员及时合理调整车辆运行速度，从而保障了有轨电车运行准时准点。

未来，随着有轨电车辅助驾驶技术、路口安全防护技术和5G通信技术（第五代移动通信技术）投入商用，相信有轨电车的速度将会得到更大的提升。

9 有轨电车接触网对道路交通口影响大吗

体长约 35 m，高度 3.8 m，宽度 2.65 m，满载质量约 75 t，体积和质量均相当于首尾相连的两头成年抹香鲸——这是一辆有轨电车的标准身材。这个大家伙的最大运行速度为 70 km/h，最大载客量可以达到 300 人，相当于 60 辆私家车。那么这个大家伙的尾气排放量是多少呢？是 0！得益于电力驱动，有轨电车不会排放废气，是一种无污染的环保交通工具。目前国内外已通车运营的有轨电车线路中，大部分采用触网供电，而为这个庞然大物提供源源不断电力的就是轨道上方

交叉口的有轨电车触网
（图片来源：上海松江有轨电车投资运营有限公司）

那根细细的"电线",这就是有轨电车的触网。

触网的学名叫作"接触线",顾名思义,是车辆受电弓接触并且取流的一根导线,和家家都在使用的入户电线一样,它的作用也是提供电力。

为了在车辆运行全过程中提供持续不断的电力,让车辆保持充沛的动力,为乘客提供舒适的乘车环境,这根细细的接触线就像一根能源动脉一样贯穿于线路始终,即使在穿越路口时也不间断。

接触线在穿越路口时的高度一般为 5.2～5.5 m,而一般城市道路的限高是 4.5～5 m,有轨电车接触线的悬挂高度超过道路最大限高 0.5 m 左右,距离大型 SUV(运动型多用途汽车)的车顶也有足足 3 m 多,并且在有轨电车通过的路口通常还会有限高警示标志,很少会发生拉网的事故。而接触线的安全绝缘距离是多少呢? 25 mm。只要距离接触线超过 25 mm 就不会有触电的风险。所以只要遵守道路法规,车体高度不超限,就不必担心接触线对路口其他车辆的影响。此外,接触线的直径只有 14.4 mm,仅手指粗细,在平均宽度为 40～50 m 的路口范围里真的是毫不起眼,完全不必担心会影响美观。因此,无论是从安全还是从美观角度来看,大家对路口的有轨电车接触网大可放心!

10 有轨电车是怎么保证夜间行车安全的

在欧洲旅行，搭乘夜火车是一种很特别的体验。在舒适的车厢中，伴随着火车的节奏摇摇晃晃地进入梦乡，第二天一早就抵达目的地，然后继续开启新一天的游玩旅程。有人就会好奇了，有轨电车也开在钢轨上，坐有轨电车夜游是不是也很有趣呢？是不是也很安全呢？

传统有轨电车的道岔控制方式多为单点控制，而现代有轨电车通过在道岔区段进行联锁进路控制，可支持更高的行车速度和更复杂的运行场景。但现代有轨电车线路主要沿城市地面道路敷设，受城市机动车和行人干扰较大。特别是夜间，不免让人有些提心吊胆。其实，现代有轨电车运行主要依靠运行控制系统，特别是控制中心，担负统管全局的重要责任，不仅要时刻监控系统设备状态和列车运营情况，还需在故障和应急场景下及时做出判断和响应。并且，采用人工目视驾驶是有轨电车的主要特点之一，即司机通过瞭望前方路段的线路情况和交叉口的信号显示来判断列车运行状况，并对车辆进行控制驾驶。

有轨电车兼容两套信号系统的控制。有轨电车正常运行时，在不影响交通信号的情况下受自身的信号系统控制，并且通过信号的升级，有轨电车本身还有一系列如障碍物检测之类的辅助功能。调度系统根据车辆运行图对车辆进行管理，通过GPS（全球定位系统）探测车辆所处位置，监控车辆运行情况及整个管辖区域内的线路状况，并实时更新车站的旅客信息，采用数字电话或无线电话与运行车辆进行通信。系统通过干线无线设备连接到运行控制和行车调度系统，用于实时更新信息。

所以，天黑或者天亮对有轨电车行车没有太大的影响，但由于有轨电车的行车环境还是一个开放空间，在应对突发事件方面，司机在夜间行车时肯定会更小心谨慎，以保证每一位乘客和道路交通的安全。

有轨电车是怎么保证夜间行车安全的

夜幕下的德国弗莱堡有轨电车
（图片来源：https://cdn.pixabay.com/photo/2021/04/09/18/23/tram-6165194_960_720.jpg）

夜晚葡萄牙里斯本有轨电车
（图片来源：https://cdn.pixabay.com/photo/2021/08/04/09/15/lisbon-6521384_960_720.jpg）

11 有轨电车车站怎样保证乘客上下车的便利

1924年12月19日，北京电车业正式开行，西大干线先行通车，由正阳门直达西直门。老北京有轨电车的俗称是"铛铛车"，前两字的发音是"diang diang"（第一个字读二声，第二个字读轻声），尾缀是北京土话的儿化音。当时的有轨电车，开动起来，铁轮磨铁轨，噪声大而且上下颤动，前后左右摇晃。司机的脚又不断踩击铜铃，发出"铛铛"之声，所以用铃声的拟音叫它"铛铛车"。"从正阳门内至西直门大街，沿途极为热闹，每至一站，即有多数之男女，挨车轨观看。"这是北京第一条有轨电车线路正式通车的景象，坊间出现了"电车一动响郎当，来往行人上下忙；乘客不分男女座，可怜坐下挤非常"的竹枝词。那么

深圳龙华有轨电车车站

"上下忙"的乘客上下车到底方不方便呢?

那时候的有轨电车还是像公交车一样是单侧单开门的,而现代有轨电车则像地铁一样所有车门都可以上下车,且每个车门可以同时有多人上车,乘降效率明显提高。有轨电车的站台与公交站台根据各自运营特点也有些不同之处,一般的公交站台设置在道路两旁,而有轨电车的站台可设置在两条轨道之间,形状类似于一个岛,因此也叫"岛式站台"。这种"岛式站台"的设计,不仅可以方便乘客上下车,还大大节省了土地资源。一个岛式站台能容纳100~200人,比公交站台大了6倍左右。有轨电车主要布设在路中,车站基本布设在临近交叉口的位置,大部分是通过人行横道过街进行客运组织,在车站与人行横道线之间预留15 m左右的缓冲区,以保证行人过街安全。在客流量较大的车站,如换乘站等,还会考虑设置人行地道或人行过街天桥。

荷兰阿姆斯特丹有轨电车车站

(图片来源:https://cdn.pixabay.com/photo/2021/01/11/19/10/amsterdam-5909377_960_720.jpg)

12 可以通过设计有轨电车以缓解堵车吗

中国高速公路通车里程位居世界第一，但拥堵仍然困扰着每位车主，更别说北上广等交通拥堵严重地区的人们了。那么，为什么在公路路网如此发达的情况下，大堵车的现象仍然会发生呢？我国机动车保有量持续增长，公路宽度的增加远跟不上里程增长的步伐。道路不可能无限制加宽，机动车、自行车、行人，谁都想维护自己的路权，即使道路便利最大化，也不可能让所有人都满意。

伦敦市政府为解决城市交通拥挤与堵塞、城市公共交通客运量下降及城市环境污染等问题，从1990年开始加强了对公共交通的管理，

交通拥堵现象

（图片来源：https://cdn.pixabay.com/photo/2016/09/27/19/13/jam-1699089_960_720.jpg）

有轨电车车道

大力提倡发展城市公共交通,实行公共汽车优先通行的政策。当地政府除在财政上给予公共交通以大力扶植外,还投入大量资金研究和发展了新型公共交通运营系统,如有轨电车、轻轨交通和导向式公共汽车等。为了改善公共交通的运营环境,2003年,伦敦开始征收交通拥堵费,这是针对每周一至周五早7时至晚6时(公共节假日除外)在拥堵收费区内行驶车辆所征收的费用。

  有轨电车的建设一般会利用道路的中央分隔带和两侧绿化分隔带。有轨电车轨道铺好后,会在轨道周围种植草皮,弥补分隔带的绿化。简单点说,有轨电车很少占用车道,占用的绿化也会用草坪弥补。有轨电车的建设是对道路资源进行更合理的分配,即使占用了一部分,对于整个交通环境来说也是值得的。一辆有轨电车长 35 m,可以运载约300人,而该长度约等于8辆小汽车,即使每辆小汽车载5人,也只能载40人。有轨电车每小时可运送的乘客数量为 6 000~10 000 人,其乘客输送量与一条城市主干道相当，不能简单地认为有轨电车是占用了城市道路资源。但是，有轨电车与城市道路的结合肯定有可优化的空间。从大趋势上来讲，发展公共交通、公交优先是没有错的。如果更多的市民选择公共交通出行，那路上的私家车自然就会减少，道路就不会那么拥堵。

每当出现一种新的出行方式时，可能都会有反对的声音。但最终，越来越多的人会认可并且选择公共交通的出行方式，因为它使城市道路得到了更充分的利用。让大多数人得到更多便利才是第一位的。

13 哪些设计保障残障人士安全乘坐有轨电车

公共交通必须充分考虑全体市民的需求，集实用性和精细化于一身，让他们共享无障碍出入建筑物和搭乘公共交通的权利。有轨电车对残障人士是极友好的，让我们来说说具体情况吧。

地铁车厢地板面要比轨道面高 1.1 m，差不多达到一个幼儿园小朋友的身高。有轨电车按地板高度分为高地板和低地板。高地板有轨电车就是传统有轨电车，其地板面高度为 0.9 m 左右；而当今主流的有轨电车为了让人们更便捷地乘坐，多为低地板车辆。

残障人士上有轨电车

现代有轨电车通常采用的低地板面高度降低到了 0.36 m 以内,满载乘客后还会更低一些,普通的公交站台也可以与有轨电车地板无缝衔接。车厢内的地板基本在同一高度,乘客上下车速度大幅度提高,车厢内的乘客特别是有无障碍需要的人员流动十分方便。进出有轨电车的车站站台宽度大约为 5 m,且都设有斜坡,轮椅可以自由出入。站台与车厢地面几乎平行,便于轮椅进出,车厢中部还有宽敞的轮椅专区和用于固定轮椅的设施,方便残障人士乘坐。若遇上立体过街的天桥或地道,也会设置无障碍电梯,满足轮椅的通行要求。

有轨电车站台平台

14 有轨电车设计如何考虑票制票价

国内目前开通的有轨电车采用两种票制票价，分别为单一票制和计程计时票价制。大部分城市采用单一票制，且标准价为全程2元，少数城市执行计程计时票价制。有轨电车票价的制定，综合考虑了居民经济承受能力、运营成本、公共财政负担能力等多方面的因素。各个城市在制定有轨电车票价时主要遵循的原则包括公益优先原则、乘客承受能力原则和比价合理原则。

从有轨电车的建设成本、运营人工成本、电费、维修保养费用、土建设备折旧等与票务收入的对比来看，建设有轨电车一定是个亏本买卖。可是我们通常是不能这样简单地来看待作为公益性项目的有轨电车的。我们对公共交通项目的评价更多的是从资源合理配置角度出发，分析项目投资的经济效益和对社会福利所作出的贡献，以评价其合理性。"有无对比法"中的"有"是指建设有轨电车项目的情况，"无"是指不建设有轨电车项目的情况，即采用其他交通方式承担同样客运量的情况，一般按照拓宽道路、利用公共汽车承担同样客运量的情况考虑。有轨电车的社会经济效益主要包括节约时间、减少疲劳、减少碳排放量、减少交通事故、改善交通结构、进一步构建城市合理结构等。

有轨电车还需满足社会各个阶层和每个公民的交通需求，尤其是要考虑工薪阶层和低收入阶层的利益，价格政策一定要充分考虑大众的承受能力。举例来说，2020年上海市居民人均可支配收入为72 232元，用于交通与通信的支出为3 000~5 000元，有轨电车的建设成本在每千米1亿元左右，运营成本在每千米100万~200万元，如果按照有轨电车建设和运营成本制定票价显然是让人无法接受的。

还有一个比价原则怎么解释呢？简单地说就是有轨电车的票价不能高于人们通常会选择的可替代的交通工具，例如可以和公交车比，

有轨电车站台和售票机

可以和出租车比，但是因为服务功能不同，它的票价不能和火车、飞机、私家车比。有轨电车因为舒适、准点而体现出的高服务质量让人们在心理上可以接受它的票价高于地面公交，可是又因为它不能满足乘客点到点的需求，所以它的票价应该低于出租车。

在兼顾政府投资成本的同时，为了维护乘客利益，有轨电车的票价要通过科学测定，且在正式通车前会向行业主管部门和发改委申请票价制定方案和举行听证会，在通过批复后正式向公众发布票价方案。

目前现代有轨电车系统票价制度一般有两种，即单一票价制和计程计时票价制。单一票价制即乘客乘车，不分乘车距离远近，都付相同的车费。其特点一是乘客进站乘车只在上车或进站时检票，下车或出站时不再检票，二是全线各车站发售同一面值的车票。这种票价制度适合线路长度较短且独立运营的情况。计程计时票价制，即根据乘客乘车距离远近和乘车时间收取相应的车费。其特点是乘客乘车时，上车和下车时均需要检票。这种票价制度适合线路长度较长且多线成网运营的情况。此外，在国家和当地相关政策的基础上，运营单位通过明码标价，也可采取灵活多样的票价优惠措施。

15 有轨电车的钢轨带电吗

　　1908 年 3 月 5 日，上海第一条有轨电车线路正式开通，这条由英商经营的 1 路有轨电车，线路全长 6.04 km，自静安寺至外滩广东路的上海总汇。据说，当时市民们误以为坐电车会触电，一时没人乘坐，为此，英国人雇用了一批失业者当专业坐车人，还向乘客赠送花露水、牙粉、香皂等礼物，生意才逐渐好转。到 20 世纪 50 年代，有轨电车已遍布上海市区的各个角落，并成为公共交通的主力军，可以说老上海有轨电车代表了上海历史的一部分，在伴随这座城市迈向现代化的同时，也为这座城市留下了历史的记忆。

　　有轨电车供电形式分为架空接触网供电形式、车载储能供电＋车站

有轨电车轨道

（图片来源：https://cdn.pixabay.com/photo/2021/06/07/05/22/tramway-6316986_960_720.jpg）

充电形式以及第三轨供电形式。架空接触网供电形式是指通过车顶的受电弓从接触网受电,从而驱动车辆不断运行;车载储能供电形式是指通过储能模块向车辆牵引系统及辅助供电系统进行供电,维持车辆正常运行;第三轨供电形式是指在车辆运行过程中,感应装置感应到有车辆通过时,相应的导电段(必须被车体完全覆盖)接通电源而带电,没有车辆通过的区域则接触轨不会带电,以保证其他车辆和行人的安全。所以这三种供电形式下的有轨电车钢轨均不带电,大家大可放心!

有轨电车充电车站

16 有轨电车开通后沿线地块会增值吗

"轨道房"的升值空间真的很大么?"轨道交通通了之后,房价肯定要涨啊!"这一传闻到底是不是真的呢?作为片区交通的补充,有轨电车建成通车后,在提升城市交通能力上有很大的作用,会大幅地改善沿线地块交通出行难的问题,尤其是地铁没有辐射到的区域。交通便捷一直是住宅各种配套设施中影响房价最重要的因素之一,随着交通网络的逐步完善,沿线地块的发展大有可为。以淮安有轨电车为例,自开通试运营以来,客流人数不断增加,城市主干线作用日渐凸显,沿线地块的品质不断升级,可以说是越来越热闹。

有轨电车带动周边经济

淮安有轨电车带动城市发展

"有轨电车辐射区""可以不坐,不能没有"等广告词频频出现于各大有轨电车沿线楼盘的宣传册中,而一些楼盘也确实因为有轨电车获得了更高关注度。但是有轨电车对房地产的升值并不起主导作用,或者说其对房地产升值的直接影响并不会非常大,不会导致房价大起大落,国家推出"房住不炒"原则,积极出台房价调控政策稳定房价,大家还是要理智对待投资哦!

17 有轨电车耗电量高吗

作为一种典型的城市轨道交通工具,有轨电车最早出现在19世纪80年代的德国。到19世纪末,中国的第一条有轨电车线路出现在北京。现代有轨电车以其投资低、建设周期短、轨道可与汽车共享等特性,在实现城市道路资源优化配置方面发挥着重要作用。近年来,我国有轨电车发展迅速,北京、上海、深圳、广州、武汉、南京、大连、成都、苏州、淮安等多个城市的有轨电车已经开通运营,其他多个城市的有轨电车工程也正在建设或规划中。

一台二级节能冰箱一天的耗电量大约是 0.75 kW·h,一台空调在夏季开一晚上的耗电量一般在 5~30 kW·h,一台液晶电视耗电就小得多,开 6~7 h 的耗电量大约为 1 kW·h,一般电动大巴车或公交车每千米的耗电量大约为 1 kW·h,那么有轨电车这个庞然大物会不会是个"电老虎"呢?

塞尔维亚现代有轨电车

(图片来源:https://cdn.pixabay.com/photo/2019/03/31/09/42/streetcar-4092735_960_720.jpg)

目前有轨电车每千米能耗仅 5 kW·h，这可是一辆可以装载 300 人的有轨电车走行 1 km 所需的电量哦！是不是有点不可思议呢？有轨电车一般都是走行于城市道路上，沿线区域内城市电网均较为成熟，可为有轨电车提供外电源。不同于地铁需要修建大型集中供电的变电所，有轨电车一般都采用分散供电。

所谓分散供电，就是在有轨电车沿线设置一些小型变电所，而且大部分都是箱式变电所，每个变电所的管辖范围大约为 2 km，避免了能源的浪费。目前高效的运控系统不断更新发展，有轨电车不会频繁地加速和制动，耗费的电能大大减少；而且能量回馈技术能将车辆制动能量反馈到电网，同时为车辆提供牵引动能。随着供电技术和基于电力电子大功率器件的充电装置的不断发展，相信有轨电车的发展前景定会越来越可观。

18 有轨电车车厢之间是怎么连接的

你有没有遇到过挤不上地铁的时候？有没有遇到过地铁站限流的时候？有没有遇到过明明站台很长，停站的地铁车辆却好像没有站台长的时候？这时你肯定会心中嘀咕，为什么不把地铁加长一点？其实工程师们在设计时就会考虑这个问题，上海轨道交通1号线和2号线车辆已经完成了"6改8"①。为避免资源的浪费，地铁设计时会基于当时的客流分析及城市整体规划的发展，将车站的土建规模按远期车辆长度一步建

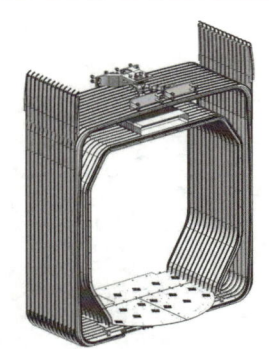

模块间连接处示意（建模）

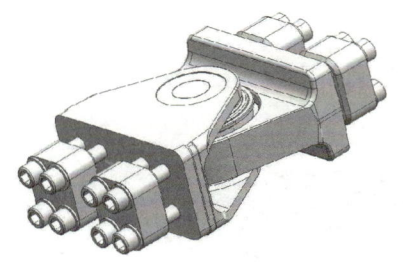

固定铰（下铰接）（建模）

转动铰／弹性铰（上铰接）（建模）

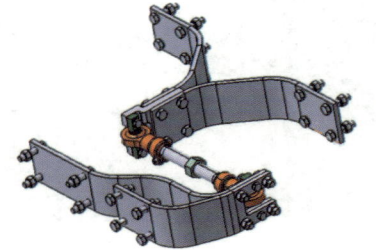

自由铰（上铰接）（建模）

---

① 将6节编组的列车增加到8节编组的列车，以提高系统运能，增加列车编组后会带来车站、信号等一系列的改造，我们将这样的改造简称为"6改8"。

成到位，而地铁车辆在采购时已经预留了今后扩编的可能性。

现代有轨电车与地铁的不同之处在于，地铁的每节车厢拆开以后都可以和其他车厢拼装在一起，可是有轨电车采用模块化设计，不同型式的车辆模块长度不同，需根据不同载客量调整模块数。车辆模块一般分为带司机室模块、悬浮模块（即不带车轮的）以及转向架（动力和非动力）模块，模块之间采用多自由度铰接方式连接，也就是说，如果把有轨电车模块拆开，是无法和其他车辆模块自由组合的。

有轨电车模块之间通过铰接装置和贯通道进行连接。

在车体模块的上、下各安装上铰接装置和下铰接装置，根据不同车型和不同功能可分为固定铰、转动铰/弹性铰、自由铰等。这些铰接装置可以实现车体模块之间的刚性连接和受力，并实现水平和垂直方向的转动和约束。简单来说就是连接牢固，又不妨碍转弯和上下坡。

贯通道由内折棚、外折棚、旋转地板等组成，实现车体模块之间的密闭功能。

有轨电车连接处的车外视角
（图片来源：https://cdn.pixabay.com/photo/2021/10/18/07/14/tramway-6720278_960_720.jpg）

有轨电车车厢之间是怎么连接的

有轨电车连接处的车内视角

19 为什么城市的有轨电车所经过的路口会像蜘蛛网一样

在前面介绍过的那么多车辆供电方式里面,从可靠性和经济性的角度考虑,大部分有轨电车采用了接触网供电的模式。在有轨电车经过的路口,用于供电的接触线也同样要从路口上空穿越,以便为车辆持续提供动力。

在有轨电车转弯的路口,上方的接触线会较为密集并且呈现出"蜘蛛网"似的几何造型,这是什么原因呢?因为指头粗细的接触线看似柔弱但是蕴含着大能量,这根细细的铜银合金线时刻保持着 12 kN 的恒定张力,这个张力能保证接触线在温度变化引起的热胀冷缩下不会过分地绷紧或下垂,从而和车辆的受电弓始终保持良好的接

有轨电车行驶

(图片来源:https://cdn.pixabay.com/photo/2017/08/22/17/43/lisboa-2669880_960_720.jpg)

触性。那么回到路口的"蜘蛛网",试想一下一根紧绷的线要形成接近90°的转角,是不是要施加垂直于这根线的力才能给它"塑形"呢?具体到接触线,为了在转弯路口处将接触线塑造成近似于圆弧的多段折线,就需要施加多个垂直于接触线的外力,这些外力一般是通过绷拉线来施加的,因此在转弯路口或者线路交叉的路口就会出现多根绷拉线和接触线组成的"蜘蛛网"。这个"蜘蛛网"的力学原理与自然界的蜘蛛网有异曲同工之妙,体现了别具一格的几何美。

20 有轨电车会不会占用道路资源

当年淘汰有轨电车是因为机动化时代的到来，电车为日益增多的汽车让路。现在建设有轨电车是为了缓解城市道路拥堵，提倡公交优先，优化城市环境，使其成为中小城市的主干交通。

当年淘汰的有轨电车叫做 streetcar，其容量基本等于普通公交车的容量。而现在建设的现代有轨电车叫做 tram，其容量是普通公交车的 2～3 倍。

现代有轨电车的路权形式通常为专用路权结合混合路权。这种路权形式的现代有轨电车在与其他道路相交时是采用平交形式的，在交叉口内不设路缘石，允许机动车穿越，而在交叉口范围外，设置路缘石与机动车道隔离。这种路权模式下，有轨电车的工程设计通常会根据交通影响分析评价考虑对于市政道路是否需要"占一还一"，不会过多地占用道路资源。

有轨电车专用路权
（图片来源：上海松江有轨电车投资运营有限公司）

混合路权是指各种交通模式混行。受交通条件限制时，有轨电车与其他交通方式共享道路资源，有利于交通疏导。但采用共享路权不能确保有轨电车的优先权，运营效率有所下降。同时，道路通行能力及服务水平也相应有所下降。

优先发展公共交通是国家战略。道路资源有限，随着私家车数量不断增加，交通拥堵问题日益显著。拥堵的根本原因是出行需求的增加与道路资源不足之间的矛盾，道路交通不可能无限发展，优先发展公共交通、选择公交出行才是解决道路拥堵的根本措施。随着大众出行习惯的改变、公交出行分担比例的提高、小汽车出行比例的降低，再除去车流量稳步增长的影响，未来有轨电车沿线道路通行状况应较现状更顺畅。但出行方式的培养是需要时间的，短期内的"阵痛"一定会存在，不能简单地"头痛医头，脚痛医脚"。

21 有轨电车停靠站台时是怎么确定准确位置的

我们考驾照的时候一定都经历过定点停车，而有轨电车停靠站台基本上和定点停是一个意思。一般有轨电车站台的地面会标记上下客的位置，有轨电车进站时会对准标线位置停靠。可是有轨电车司机怎么能将车辆停靠得那么准呢？

有轨电车停车标识

有轨电车停车牌

  有轨电车驾照考试中最难的一项属"对标停车",不少人在这个环节卡了壳。有轨电车车身长且重,又是钢轮钢轨系统,刹车后的停车距离也比较长,驾驶员需要根据路况,逐步缓慢减速,才能确保车辆停在站台的安全门范围内,方便乘客上下车。"对标停车"要求驾驶员在停车后,车前端要定在停车标志前,允许误差在 10 cm 以内,超过 30 cm 就不合格,在停车过程中还不能有明显的冲击感。实际操作中,有轨电车精确停车的精度为 ±5 cm,超过这个范围,就需要靠有轨电车驾驶员的"绣花功夫"来对准了,如"给点儿油门"或者"挂倒挡倒车"。为了能够精确停车,每个车站最前端都设置了一个停车标,当司机室的窗户中心完全与它对齐,没有任何误差时就是驾驶员们所说的"零标",此时车辆的其他车门也自然与站台安全门对得很准!

22　有轨电车发车间隔最短是多长时间

在上海，早高峰最常见的就是上班族蜂拥至公共交通车站赶着去上班，这已经成为超级城市快节奏生活的一道风景线了。发车间隔时间对于"时间就是金钱"的上班族来说是非常重要的，大家希望的肯定是人一到站车就来。一般来说，大家会把地铁和有轨电车作比较，这两者都是利用电能驱动，在信号系统上虽说非常相似，但所属体系还是有差别的。地铁作为城市大运量快速轨道交通，它的运行速度快，

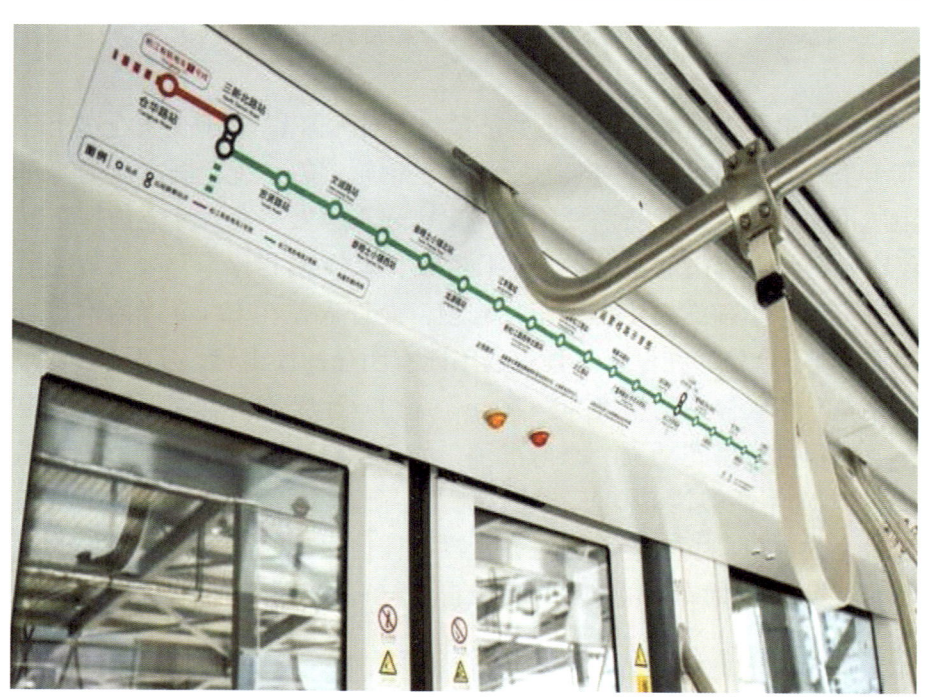

有轨电车车内线路图

有轨电车对会车

站间距相对较大。有轨电车在城市道路交通环境中是相对开放的，站间距会小不少，运行模式更接近于公交车。所以，我们也会将有轨电车与公交车等作比较。相较公交车或 BRT（快速公交系统），有轨电车在交通高峰时段是有优势的。公交车或者 BRT 都容易堵在路上，而有轨电车通过信号控制和专用路权等措施，基本可以做到准时准点，相同时间内每千米可以运载普通公交车两倍甚至三倍以上的人，可以说是地面公交的"顶级配置"。

因为有轨电车的运营环境没有那么封闭，所以受其他交通影响较多，就目前国内运营情况来看，它的发车间隔时间为 6～10 min，在早高峰会适当地提高发车频率，以满足大客流的需求，也避免出现乘客扎堆、滞留的现象。有轨电车作为公共交通，既要为乘客提供便利，又不能因为发车频率过高而对道路交叉口造成不必要的拥堵，总体上要将公共交通的价值发挥到最大，做好资源合理配置。

发车间隔是决定现代有轨电车开行密度和车辆配置数的主要参数，虽然其看似只是个规定，但它其实是通过调查和计算得到的，即在修建运行之前，就已经调研清楚，然后通过严密的计算得出最后的发车间隔。影响发车间隔的主要因素包括线路的客流预测结果和客流的时空分布特征，此外还受车辆制动性能、车辆模块编组、停站时间、交叉口通行延误和折返时间等因素的影响。

针对我国城市客流的分布特征、现代有轨电车技术和行车组织的特点，如何科学地确定现代有轨电车最小发车间隔与最大运输能力，并根据线路实际情况选择合适的发车频率和车辆配置数量，是进一步提高我国现代有轨电车运行服务效率的关键。

23 有轨电车的尺寸都一样吗

不是所有的有轨电车都有一样的尺寸哦！以长春的"摩电车"为例，"摩电车"是长春有轨电车的俗称，长春的百姓对"摩电车"也有一份特殊的感情。其中，仿古 200 型有轨电车车身长为 16 m，车内均采用纯实木材料，包括车框和车内的座椅等均为老木匠纯手工打造。仿古式电车采用站立式全铜操纵杆。改造后的仿古电车采用传统工艺和现代技术相结合的方式，保留原有外观和内饰风格。类似传统的有轨电车在大连、东莞华为松山湖园区也能见到，它们的具体尺寸不尽相同。松江的"蚕宝宝"有着明黄色的车身，穿梭于"科创、生态、人文"的松江新城，担起交通骨干的同时，也俨然成为了新城的颜值

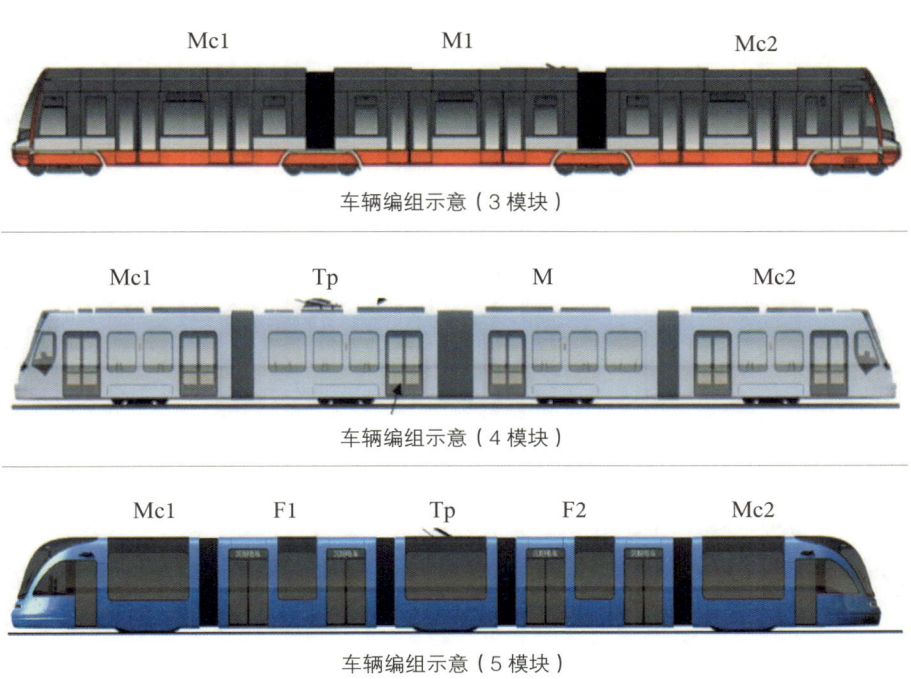

车辆编组示意（3 模块）

车辆编组示意（4 模块）

车辆编组示意（5 模块）

有轨电车的尺寸都一样吗

担当；苏州高新区的有轨电车有着金色的现代化外观，驰骋于高新区——它们都是现代有轨电车的代表，长与宽都是国内外的主流尺寸。

目前国内有轨电车车辆常见的编组形式多为 4 模块与 5 模块，少部分为 3 模块，车辆长度通常在 28.3～37.5 m，这主要是根据运营线路的客流需求决定的。我们在设计有轨电车的时候，会根据初、近、远期三个阶段进行客流预测，并根据预测结果，结合运营方案等来确定合适的车型。

有轨电车车辆宽度通常为统一的 2.65 m，但也有为适应环境而设计的 2.4 m 车型。

有轨电车车辆高度通常在 3.44～3.8 m，高度的大小主要取决于供电的方式，接触网供电的车辆上方会有受电弓连接接触线，如果是储能式的车辆，那么其储能装置还得背在上方呢，这就会增加一定的车辆高度。

24 有轨电车每节车厢之间的连接方式都一样吗

公交车作为最普遍的一种交通运输工具，车厢内设有乘客座椅及供乘客站立与走动的通道，要求站立面积大；车厢内通道与出入口较宽，有两个以上车门，踏板低。如果是城郊公交车，由于其主要用于中距离的城镇间客运，座位较城市公交车要多些，还设有行李舱或行李架。

现代有轨电车作为大容量地面公共交通系统，一般选用长 32～36 m 的低地板车辆，车厢地板面高度通常在 0.29～0.36 m，采用独立旋转轮

有轨电车车内座位布置

公交车内部座位布置

（图片来源：https://cdn.pixabay.com/photo/2020/05/22/12/01/city-bus-5205148_960_720.jpg）

技术可以将车厢内低地板率做到70%～100%。低地板有轨电车的车辆结构形式一般分为单车铰接型、浮车铰接型和转向架铰接型三种。

单车铰接型即每个模块车辆下方均有一个转向架，可以单模块增减编组，且轴重较低。但这样的车型由于车内的转向架"轮包"较多，一定程度上不利于乘客流动。目前国内的单车铰接型车辆均为4节编组。

浮车铰接型有轨电车不是每个模块车辆下方都有转向架。一般采用两节带转向架车辆中间夹一节悬浮车的布置形式，因此编组只能以3、5、7……奇数递增。目前国内常见的为5模块浮车铰接型，苏州有轨电车2号线、云南红河有轨电车等也有3模块车辆混编运营的。

悬浮车由于不设转向架，增大了车内有效使用空间。

转向架铰接型有轨电车是在两个模块车之间设置的转向架。这样的设计使得车内空间较为平整，车内空间利用率最高。但转向架铰接型车辆每节车厢的长度较长，弯道限界大，同时车厢连接处的过道较为狭窄。

25 有轨电车的道岔控制是怎么设计的呢

过山车常见于游乐园和主题乐园中。过山车虽然看似惊悚恐怖，但是安全通常是有保障的，深受很多年轻游客的喜爱。这个设施理论上需要3个操作员合作。第一个操作员坐在控制室里操作全程，第二个操作员站在乘客入口的另一侧，第三个操作员主要是在入口处负责确认乘客的身高安全、统计游客人数以及安排座位。

有轨电车可比这先进多了，其道岔由道岔控制系统统一进行安全控制，保证道岔区段的道岔、进路表示器、轨道区段之间正确的联锁关系及进路控制安全。

过山车

（图片来源：https://cdn.pixabay.com/photo/2013/07/13/09/47/rollercoaster-156027_960_720.png）

有轨电车的道岔控制是怎么设计的呢

　　有轨电车道岔控制方式可分为中心集中控制、车载分散控制及利用挤压弹簧控制等三种。中心集中控制方式是按照运行时刻表由调度中心自动办理进路以实现对道岔的控制，车辆按传统联锁逻辑运行。车载分散控制方式以单独控制道岔为基础，由车辆与轨旁道岔控制设备的交互实现道岔控制，车辆进入道岔控制区域后自动取得控制，道岔控制器可根据车辆及线路编号等信息自动操控道岔，也可由司机遥控道岔转动至需要位置。车辆在取得控制权至完全离开道岔区这期间，系统不会授予其他车辆对该道岔的控制权，以保证该车辆运行安全。利用挤压弹簧控制道岔方式是通过车辆运行的挤压力进行道岔位置转换，道岔控制单元提供道岔状态监视功能，并能通过数据传输网络传送至调度中心。

有轨电车道岔区

26 有轨电车只能行驶在钢轨上吗

最早的有轨电车是用马牵引的。有人会问：为何不直接用马车？因为铁轨与铁轮之间的滚动阻力比马车小，而且相对于那个时代的路面，铁轨颠簸会少一些。

随着西方国家民众生活水平的提高，在城市里面的人们已经开始排斥畜力，而且从运营角度来讲，畜力还要产生动力以外的其他排泄物。经过试用煤气等原料失败后，有轨电车的电气时代来临了，就只在车底下加上电动机、在顶上加上受电弓而已，成本低廉、结构简单，这个优点延续至今。

张江胶轮导轨有轨电车

有轨电车只能行驶在钢轨上吗

目前,有轨电车大部分都是采用钢轮钢轨的形式,但也有一小部分是采用胶轮导轨的形式。胶轮导轨有轨电车的走行部主要由橡胶轮、构架、悬挂及导向轮等组成。其中,橡胶轮被固定于构架上,通过悬挂装置与车辆相连,橡胶轮走行于普通路面上,只起承重作用;导向轮通过构架与车体相连,与道路上敷设的导向轨配合,为车辆起导向作用。

钢轮钢轨现代有轨电车可靠性、安全性更高,并且更加节能环保,其运营维护成本较低。因此,目前世界主流多采用钢轮钢轨有轨电车。

松江钢轮钢轨有轨电车

27 为什么有的有轨电车是带"小辫子"的，有的是不带"小辫子"的

有轨电车供电形式分为架空接触网供电形式、车载超级电容储能供电＋车站充电形式以及第三轨供电形式。我们平日里见到的带"小辫子"的有轨电车为架空接触网供电形式，是电气化铁路常用的两种供电形式之一。车辆通过受电弓取电，再通过金属轮轨使电流回流到电网中。

不带"小辫子"的为非接触网供电形式，是一种能以电气非接触方式，将功率从功率输出机提供到功率接收机的供电系统。还有一种就是车载超级电容储能供电，不需要接触网供电，它的"小辫子"是藏起来的，只有到了车站才把"小辫子"拿出来进行闪充。与手机闪充类似，有轨电车超级电容充一次电，就能运行很久。

有轨电车接触网

为什么有的有轨电车是带"小辫子"的，有的是不带"小辫子"的

带有接触网的有轨电车

无接触网的有轨电车

28 有轨电车晚上回哪里"睡觉"

有轨电车在每日结束运营后都去了哪里？为什么轨道上看不到有轨电车了？它们需要检修吗？有轨电车的车辆价格不菲，这样的"豪车"随意停在无人看管的路上也不怎么让人放心呀！有轨电车作为公共交通工具，安全可靠性是极其重要的，所以，退出运营后的有轨电车们都会回到有轨电车车辆基地内进行停放及日常的养护维保工作。

车辆基地是车辆除了在线路上行驶以外每天都要待的地方，其主要作用就是停放、维修保养车辆。在做有轨电车设计的时候，运行线路的路基、钢轨、车站、供电、信号和车辆基地等都是不可缺少的部分。车辆基地通常都位于线路的起终点，这样每天早上发车的时候就不需要空车运行很长的距离。与动不动就占地几十万平方米的地铁车

有轨电车车辆基地
（图片来源：上海松江有轨电车投资运营有限公司）

辆基地不同，有轨电车车辆基地设计越来越轻量化，重停放、轻维护，它们大多占地面积较小。由于有轨电车在车辆基地内是空车不载人的，所以它的转弯半径可以达到最小。车辆基地内通常根据不同的功能设有停车库、检修库、洗车库和生产生活用房屋。随着土地资源复合利用的用地模式的发展，现在越来越多的车辆基地进行了综合开发，与商业、居住、交通枢纽等相结合。

 有轨电车车站形式是怎么选择的

有轨电车的车站按与线路的相对关系可分为标准岛式车站、对称侧式车站、错开式侧式车站三大类。按站台位置可分为过了红绿灯停和不过红绿灯停两种形式。

岛式车站是地铁里常用的一种站台形式，为轨道在两旁、站台在中间的设计，站台就是所谓的岛。这样的形式非常有利于地铁内客流的疏散，降低投资及运营成本，同时对于换乘（旅客若搭错路线或方向时较易于换线返回）、无障碍设计（与站台相关的设备，例如升降机、电动扶梯等只需购置一组）都是非常友好的。但是，这种形式对有轨电车来说并不是最佳选择，这是为什么呢？这是因为地铁一般都是在高架桥上或地下这些相对封闭的环境中，而有轨电车通常是驶于城市道路上的，不规整的线形会造成城市道路的流线混乱，也会影响

松江标准岛式有轨电车站台

道路周边的地块。但是当有轨电车周边用地条件允许，在车站需要设置立体过街且客流量非常大的情况下，岛式车站仍是最佳选择。

为了保证区间线形的规整，减小对道路断面的影响，工程师们会将客流强度不那么大的车站设计为侧式站台。侧式车站常成对使用，是指轨道在中央、站台在左右两侧的设计，是最常见的站台形式之一。其中，两边对称的就是对称侧式车站，与之相对应的就是两边不对称、不在同一个横断面上的侧式车站，即错开式侧式车站。

相较于岛式站台，侧式站台被轨道分隔，因此产生了乘客想要搭乘反向车辆时必须要出站过路口才能到达对侧站台的问题。

有轨电车的车站布设形式需考虑的要素较多，除了实施的技术条件，更要考虑乘客进出站的便捷性、售检票形式、道路通行状况等多重因素。

松江有轨电车对称侧式站台

30 有轨电车设计使用年限是多久

为什么老上海的"铛铛车"不能用了？为什么大连的有轨电车还能用？到底怎么判断有轨电车还能不能用？工程都是百年大计，那有轨电车工程是不是呢？有轨电车工程由土建、机电、车辆等很多部分组成，每个部分的使用年限是不一样的。

我们通常所说的使用年限不低于100年，主要针对主体钢筋混凝土结构和桥梁，那么有轨电车工程中涉及这些内容的部分都可以说是"百年工程"。我国桥梁的设计使用年限一般为100年，对于某些有特殊要求的桥梁，设计时采用了120年的设计使用年限。日本提出桥梁的设计使用年限约为100年，英国规定桥梁的设计使用年限为120年，美国要求桥梁的设计使用年限为75～100年，欧盟在桥梁的设计规范中

退役有轨电车

（图片来源：https://cdn.pixabay.com/photo/2016/08/02/10/14/old-railcar-1562966_960_720.jpg）

规定桥梁的设计使用年限为 100 年。

而对于钢轨,这个就要依据车轨道的磨损程度而定了,一般钢轨的使用寿命为 30 年,这期间会有很多间隔时间较短的小维修。此外,一般每隔 10 年会有一次大的维修。对于有轨电车的车辆(主要是指车辆整体,不包括一些小零件,比如车轮等),经过数百年的发展,经历了无数次的迭代,加上技术不断更新以及使用损耗等因素,目前使用的车辆其设计的结构寿命不小于 30 年。但是,使用频率的高低与使用时间的长短,或者行驶的里程等,这些也会影响计划寿命与实际寿命的差距。30 年只是车辆的设计理论寿命,只要保养得当,"高龄"车辆仍然可以继续为大家提供服务。比如,香港地铁运营多年,有些车辆已经到了 30 年的预定寿命,但是经过专家检修,它的各项性能良好,所以它还能继续在轨道上"奔跑"。

运营中的有轨电车

31 建设有轨电车贵吗

有轨电车比地铁轻，一般在城市道路上行驶，在道路交叉口和其他车辆共用路权，而地铁一般都是在全封闭情况下运行的，所以有轨电车的适用范围更广泛、施工难度和造价更低。

有轨电车的建设成本应分为两部分：一是本体工程建设成本，即自身必需的轨道、路基、车站和强弱电设备系统工程，这些本体工程的投资应控制在 1 亿元 /km 以下。二是由建设有轨电车而引起的沿线市政基础设施的提升改造等费用，如增加过街天桥或地下通道、增加雨污水排水设施、拓宽道路、增加景观效果等产生的费用。

目前每辆有轨电车的价格大约是 1 800 万元，对于普通老百姓来说，这是一个天文数字，但是每辆车可以装载 300 名乘客，若按人均来算就显得不那么贵了。从造价和投资来看，有轨电车每千米的投资费用只有地铁的五分之一，且建造速度也比地铁快很多。

有轨电车与地铁的建设成本比较

指　　标	现代有轨电车	地铁
总投资 /（亿元·正线公里$^{-1}$）	1.2	4～8
建安工程费 /（亿元·正线公里$^{-1}$）	0.8～1	3.6～7
车辆费用 /（万元·辆$^{-1}$）	1 800	3 600

32 有轨电车到达终点后怎么办

有轨电车行驶在轨道上，到达终点后怎么办？它又是怎样掉头的呢？

有轨电车在车的两端各有一个车头，两个方向都可以行驶，司机在到站后往往会换到另外一个方向的车头继续工作，这就是有轨电车的"掉头"。

有轨电车车辆到终点站后有两种选择：一种是驶离正常路线，通过专门的路线，驶向车辆的专用车场，进行调度或者维修保养，保养的情况在正常运营时比较少发生，错峰调度的情况会多一些。另外一种就是日常大家看到的，车辆会通过一种叫道岔的设备来进行掉头，完成折返的操作，然后继续投入另外一个方向的运营。不光是在起、终点站，为了适应不同的运营线路和保障运营的安全可靠，有时间隔3~5个车站也会设有折返线，可通过道岔转向开到对面线路上。一般有两种掉头方式，分别为站前折返和站后折返，它们都有各自的优点和缺点，视实际情况来选择。

站前折返，就是车辆到达终点站后，可以直接返回。车辆车门打开后，乘客可以同时上下车，这种方式看起来很方便，其实存在的麻烦可能会有很多。从乘客角度来看，同时上下车需要考虑客流安排的问题，特别是一些客流量大的车站，还会使用两边车门上下车来控制。从车辆角度来看，会存在一定的轨道交叉，给行车安全带来一定的威胁。

站后折返，就是有轨电车驶过车站后，先进折返线，再驶向站台的另外一端，继续运营服务。这种方式需要增加一些折返线路，对空间的要求比较高，不过可以提高行车的安全。很多有轨电车的终点站都会采用这种方式，在乘客到达终点站后，会有工作人员清空车上所有人员，顺便检查车厢内的情况。折返后，会以空车的方式接载等待上车的乘客。虽说这种方式看起来需要花费更多时间,但是从安全角度来看,会更让人放心一些。加上高峰期的车辆都是流水式发车,乘客不会觉得需要等待折返的时间。

过去的历史中,也有一些十分有趣的车辆掉头方式,比如说转盘式掉头,车辆头驶入转盘,通过转盘的旋转完成掉头的操作。只是,这样的方式现在已经很少见了,且其存在很多安全隐患,人们更多地只能在博物馆之类的地方可以看到。

有轨电车道岔

33 行驶在路上的有轨电车为什么看不见轮子

有轨电车行驶时，我们感觉它仿佛漂浮在轨道上，根本看不到轮子。很多人是不是都以为有轨电车没有轮子，可显著降低线路的造价呢？

其实不然。现代有轨电车多采用70%低地板或100%低地板，其地板高度一般为0.29～0.36 m，远小于地铁、轻轨（1 000 mm以上）。这种车辆的入口高度很低，上下车十分方便，尤其是对老人、儿童和残障人士比较友好。低地板轨道车辆不需设置高站台。车辆能够通过半径很小的曲线，适应于城市地面路况，车辆对平原地貌的适应性强，可以穿行城市中心、居民区和工业园等，加之有轨电车车体都是结合城市景观设计的，其车轮会藏在车身内，因此在有轨电车行驶的时候，我们就看不到轮子。

有轨电车的弹性车轮属于城市有轨电车车辆的走行传动系统，系统主要由轮芯、轮辋、扣环、弹性橡胶块、接地导线和降噪板等组成，承担整个车辆的重量并有效传递电机输出的牵引力和制动力，以驱动车辆走行。直接与钢轨接触的轮辋与轮芯、扣环之间设置有弹性橡胶块，车轮外侧安装于轮辋的接地导线和降噪板能够有效地承受来自车辆和钢轨的作用力、冲击和振动，并能降低噪声。

有轨电车车辆采用模块设计。例如一辆5模块的现代有轨电车一般包含带司机室转向架客室模块、带转向架客室模块和悬浮客室模块等3种模块，各模块之间采用铰接装置连接。模块化设计有利于生产制造的标准化，降低生产和维修成本，可通过增加或减少模块来方便地改变编组形式，满足不同运能的需要。

看不到车轮的有轨电车（一）

看不到车轮的有轨电车（二）

34　有轨电车忽然停电了怎么办

有轨电车的工作原理是：车辆通过集电弓或集电杆从架空电缆取得电力，用电力驱动车辆行走。有的小伙伴就会有疑问，那有轨电车在行驶运行途中突然停电了怎么办？这一点是完全不用担心的哦。控制中心发现失电后，会立即启动应急专项预案，各相关部门会按照应急预案安全快速地处置。抢修人员会穿戴好安全防护用品，准备好抢修工器具及材料，前往故障区段或变电所，通过切换供电方式来优先保证线路的通畅。有轨电车采用分散式供电，每隔 2 km 左右就有变电所按供电分区供电，发生紧急情况时，没电的区段中断运营，其他区段则还能正常运营并利用折返线掉头。

无接触网能量型超级电容储能供电有轨电车
（图片来源：武汉光谷交通建设有限公司）

现代有轨电车发展到现在已经具备了成熟的供电系统、供电技术和应急方案，车辆供电方式的首选便是接触网供电，但在一些著名的文物保护区、繁华的商业区以及对景观有一定要求的区域，接触网的适用性会较差。所以，无网供电技术正在被广泛地应用发展，这将会是一种新选择。2016年12月16日，首列"光谷量子号"有轨电车正式下线交付，这标志着全球首创无接触网能量型超级电容储能供电有轨电车实现国产化，带动了全国现代有轨电车行业在供电技术上的革命性进步。

 有轨电车的钢轨和路面是平齐的吗

有些路口，既有其他车辆通行又有有轨电车通行，汽车车轮会被凸出来的钢轨卡住吗？

要解决这个问题，我们首先要了解工字轨和槽型轨的工作原理。工字轨的工作原理有些类似于古时候人们抬轿子，以4个轮子为支点，两边的钢轨架着4个轮子将这个车辆架起来，并让有轨电车在轨道上平稳运行，但是在工字轨上运行的电车，会以非常轻微的摆动呈S形前进，所以在轨道内侧需要留出一部分空间让车辆摆动。而槽型轨是将有轨电车的车轮卡在轨道的槽中前进，并不需要轨道内侧预留空间。

槽型轨在施工时能埋入沥青路面中，使得路面基本没有较大的凹陷，轨道全部铺好之后，其各个主要路口的轨道面和路面是持平的，

有轨电车停车场

并不影响车辆通行，而且在有轨电车的运行主线上，轨道和机动车道各行其道，互不干扰。而工字轨则大多用于停车库中，对轨道与路面是否齐平没有特殊要求，当然，需要过车时也可以通过工字轨专属的橡胶模块铺路。

虽然沥青面层会随着时间的推移和天气变化发生变形，但差异量在维保范围内时，路口处对车辆有限速要求，不会造成行车危险；若差异量大于维保规定值，相关单位则会对路口沥青进行翻新修补。

上海松江有轨电车道路

36 为什么有轨电车的供电接触网看上去比地铁和高铁的简单

作为城市轨道交通最主要的两个组成部分,地铁和有轨电车均以接触网为主要供电制式,虽然制式相同,但两种接触网完全不似孪生兄弟般相像。从直接的观感来区别,地铁的接触网线材较多,结构形式复杂,走的是工业风潮流;有轨电车的接触网线材较少,造型简洁,突出了小清新风格。

这种差别首先是由二者的使用差异造成的。地铁作为高运量轨道交通形式,各系统的要求均高于中运量的有轨电车,比如前者的供电电压通常是 1 500 V,而后者通常仅有 750 V。就好比量体裁衣,仅从客运量的角度来看,地铁所需的"布料"肯定要多于有轨电车。

简洁的有轨电车接触网
(图片来源:上海松江有轨电车运营有限公司)

其次，地铁的设计时速一般在 100 km 以上，有轨电车的设计时速通常是 80 km，不同的速度对接触线平顺性和弓网跟随性的要求是不同的，为了适应更高速度下的供电要求，地铁接触网除了接触线之外还需要一根晾衣绳般的承力索，通过吊弦这个"晾衣夹"把接触线这件"衣服"平展地悬挂起来，保证接触线上的各个点都不会有太大高差，我们称这种接触网形式为链型悬挂。较低速度的有轨电车接触网由于不需要承力索和吊弦，看起来就简洁多了，我们形象地称之为"简单悬挂"。

最后，还有一个主要原因是，考虑到有轨电车通常都穿梭于道路间、社区旁，在进行设计的时候注入了一定的景观化要素，比如采用两线间立柱的形式就减少了一半的接触网立柱，腕臂、支座等也选择了小一号的零件，尽量使整体造型简约而不突兀。

不管是略显繁复的地铁接触网还是明快简约的有轨电车接触网，其最根本的作用都是稳定可靠地提供电力能源。

37　为什么有的有轨电车有橡胶轮

现代有轨电车按走行部制式分为两类：一是钢轮钢轨有轨电车；二是胶轮导轨有轨电车。钢轮钢轨有轨电车的走行部即转向架，主要由车轮、构架、轴箱、悬挂、牵引部件等组成。车体重量通过转向架一系、二系悬挂到达车轮，进而通过轮轨作用传到轨道上，转向架起到承重和导向的作用。胶轮导轨有轨电车的走行部主要由橡胶轮、构架、悬挂、导向轮等组成，橡胶轮被固定于构架上，通过悬挂装置与车辆相连，橡胶轮走行于普通路面上，起承重和牵引作用。导向轮通过构架与车体相连，与道路上敷设的导向轨配合，为车辆起导向作用。

上海市首条现代化有轨电车线路——张江有轨电车一期工程于2007年12月底开工，2009年12月31日投入运营，运营名称为"张江有轨电车1路"，由上海浦东现代有轨交通有限公司管理。一期线路全长约9 km，共设15个站点、1个停车场，由于所行道路空间资源有限，采用有轨电车和其他车辆混行的方式。导向电车引入由铁路运输的轨道衍生出的导轨，单一条导轨与导轮相配合引导车辆的移动方向，但

钢轮钢轨现代有轨电车转向架

胶轮钢导轨现代有轨电车走行部

推动车辆的功能依然由与导轮同轴的胶轮承担,其导电方式都是架空电缆加集电杆或集电弓。

在国内外建设有有轨电车的城市中,选择钢轮钢轨制式的线路数量较多,目前全世界有140多个城市采用钢轮钢轨现代有轨电车,这种制式的有轨电车相对更稳定、更舒适。胶轮导轨现代有轨电车是近些年才出现的车型,在法国、意大利和我国都有应用,但应用较少。

钢轮钢轨有轨电车
(图片来源:嘉兴市铁路与轨道交通投资集团有限责任公司)

38 有轨电车如何保证准点率

当今社会，快节奏的工作生活使人们对交通工具准点率的需求越来越强烈，有轨电车如其他轨道交通一样，展现出的准时准点的特点备受人们的称赞。可是有时候让人很郁闷的是，好不容易冲到车站，眼看着有轨电车车门关闭，司机就直接开走了。为什么呢？司机身不由己啊！

运营调度控制系统每天自动向每列电车下达当日运行时刻表，规定了有轨电车在每个车站的到达和出发时间，精确到秒。运营控制系统可对上线车辆的位置、运行速度、早晚点状态等进行全面、实时的精准监控。如果因特殊情况引起车辆误点 ±2 min，运营控制系统上的车辆实时位置图标会自动逐级变色，提示调度人员及时合理调整车辆

有轨电车控制室

大客流情况下乘客们有序出站

运行速度，从而保障有轨电车运行准时准点。

为积极响应国家"公交优先"发展战略的号召，有轨电车建设时，沿线配备了较为先进的信号系统。有轨电车通过道路交叉口时，采用"相对优先"的通行方式，即当有轨电车运行近路口时，有轨电车信号系统通过车–地通信向社会交通控制系统发送接近请求信号，智能交通系统收到接近请求信号后，适时调整社会交通灯的相位配时，在保障其他车辆有序通行的情况下，让有轨电车顺畅通过。联锁系统的高安全性和高可靠性为有轨电车的快捷、准点提供了有力保障。此外，电车公司会对电车司机驾驶电车的准点率进行实时考核和检查，所以每一位司机必须严格按照时刻表运行，有轨电车的到站时间、开关门时间精确至秒，遇特殊情况时，按照公司的应急预案，快速启动处置机制，最大限度地减少对电车的运营影响。同时，电车司机还应严格按照全线各区段运行限速要求，及时调整电车运行速度和方式，以保障电车准时准点运行。

39 轨道终点是否设置挡车的装置

不知道朋友们有没有这样的经历：当奔跑到一定速度时，人就无法快速停下自己的脚步，而是需要一段路来缓冲才能停下，而且奔跑的速度越快，缓冲所需要的距离就越长。但是当人快速奔跑之后想要停下脚步，却无法及时停止时，如果突然在面前出现一面足够结实的墙，人只要撞上去，无论多快的速度都能停下来。

上海松江现代有轨电车终点站

有轨电车也存在这个问题。有轨电车快到终点时的速度基本为 5～10 km/h，而成年人的奔跑速度一般也为 5～10 km/h，二者的速度大致相同，所以有轨电车需要一定的减速距离才能停止。而当有轨电车上的司机操作出现失误，或者车辆的制动系统出现问题时，有轨电车就无法在到达终点时完成制动。这种情况下，有轨电车就很容易发生脱轨，所以强制制动方式也就应运而生，也就是在有轨电车的终点处设置一个挡车的装置——车挡。就像前面所说的一样，车挡就像人跑步时面前出现的墙壁，能够紧急制动速度为 5～10 km/h 的有轨电车，避免脱轨等安全问题的发生。我们也可将车挡理解为公路上的减速带，辅助行驶在公路上的汽车减速，保证车辆在要求位置停止。

40 为什么有的钢轨错综复杂

有轨电车会开行至很多不同的方向，这就要求道岔学会转弯。但是有轨电车是在轨道上跑的，并不像汽车那样，只要前轮转弯就可以带动整个车子转动。这时候就要求轨道分出不同的岔道，让有轨电车驶向不同的方向，而岔道转角位置的装置就叫道岔，道岔承担着引导有轨电车向着不同轨道移动的重任。

两根平行的钢轨，车辆在上面只能前进后退，非常单调。正是有了道岔的加入，车辆运行方向才丰富起来，能够进行跨越、转线、并线和折返。

有轨电车的运营组织相较于铁路和地铁更灵活，它需要多组道岔。

交叉渡线

菱形道岔

有轨电车速度低、通过小半径曲线能力强，考虑线网成型和城市用地情况，其道岔布置较灵活、种类多，主要包括单开道岔、单渡线、交叉渡线、交叉、三开道岔、对称道岔和梯形道岔等。

为满足有轨电车线网互联互通，不同方向线路在平面相交即构成了交叉。根据交叉角度，交叉又可分为菱形交叉和直角交叉。三开道岔即由一股道往三个方向开岔。对称道岔即两个出岔方向对称布置。梯形道岔（也称梳子形道岔）因其结构设计紧凑，有利于在较小及不规则地块场段内进行停车和检修的灵活布置，节约土地资源。

41 有轨电车线路系统都包含了什么

古罗马哲学家爱比克泰德曾说:"正像一只离开了人躯体的脚再也不能称其为脚一样,人如果与人群相互脱离,也不能称其为人。"就像人与外部环境有着紧密联系,任何事物都有与之相辅相成的外部联系。

有轨电车系统也是如此,其车辆系统类似于人体,而线路系统则像外部的环境。车辆系统和线路系统共同组成了有轨电车的"命运共同体"。有轨电车线路系统主要由轨道、路基、桥梁、给排水系统、车站和机电系统组成。

有轨电车采用轨道结构为车辆进行承载和导向,保障了有轨电车的安全性。有轨电车轨道能够敷设于道路交叉口、步行街、广场等地段,使有轨电车不仅能安全可靠地运行,还能够与城市环境相结合。

路基位于轨道下方,它是承受轨道结构重量和有轨电车重量的基础。路基作为轨道基础,需要满足一定的刚度、强度和耐久度,并且必须在车辆运行时保证参数在标准范围内,保证乘坐舒适度和车辆运行安全。

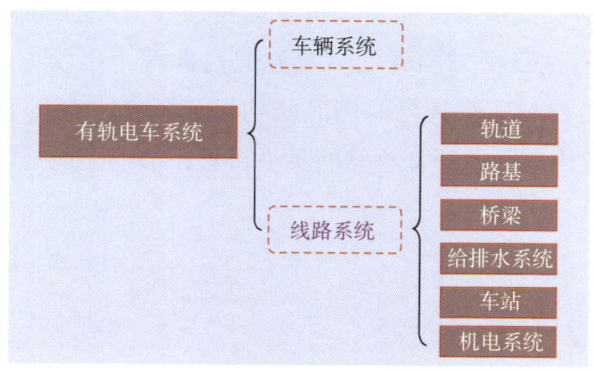

有轨电车系统路线系统分类

我们常见的有轨电车大多运行在城市道路上，但遇到特殊地段，有轨电车则会采取桥梁建设的方式，且一般采用专用桥梁建设或路桥结合的方式。桥梁的建造需要符合相应的建设标准并满足使用年限要求，为保证运营安全，还会对桥梁结构定期进行"体检"。

给排水系统的作用就是给水和排水，它主要是由给水系统、水消防系统和排水系统构成。给排水系统完善与否决定了有轨电车能否安全运行。给水系统一般提供有轨电车沿线绿化的浇洒用水、车辆基地的生产用水；水消防系统用于火灾时灭火；排水系统可以及时排除电车沿线的雨水，使得有轨电车相关设备零部件免受浸泡危险。

有轨电车运营与地面公交类似，车站内不设管理人员，不划分付费区和非付费区，乘客可以自由进出车站，因此有轨电车车站具有开放的特点，车站形式与造型比较简单，体量小，一般是开敞明亮的。

机电系统的主要作用是供电，其承担着为有轨电车车辆及其用电设备提供电力的重要任务，是有轨电车系统不可或缺的重要系统之一。

42 有轨电车轨道上有杂物怎么办

新闻中有时会报道"飞机撞鸟"的事故，这真真切切演绎了游戏"愤怒的小鸟"。这是因为高速行驶的飞机有很大的能量，即便遇上一只小鸟也会造成严重的事故。俗话说："千里之堤，溃于蚁穴。"很多看似不起眼的小事物往往会造成巨大的损失和灾难，同样飞速而过的高铁，也会因为一些杂物而造成严重的事故和后果。可能有很多人便会由此联想到：有轨电车在行驶过程中，如果前方轨道上有块石头的话是否会影响行车的安全呢？有轨电车速度相对飞机和

有轨电车排障器

高铁慢很多，还需要考虑这个问题吗？答案是：会影响安全，需要考虑这个问题。

　　有轨电车虽然运行速度远小于高铁，运行过程中不会造成巨大的动能和冲击，但有轨电车的运行环境更加错综复杂。有轨电车不像高铁有专门的通道，其轨道往往铺设在普通马路上，附近有人员与其他车辆活动，这就造成了有轨电车运行线路复杂多变且意外性高，轨道上难免会存在杂物，影响行车安全，这是有轨电车实际运营时需要解决的问题。那么如何将这些杂物清除掉，使有轨电车安全有序地运行在城市中的大街小巷呢？

　　要解决这个问题，主要从运营前和运营期间两方面入手。每天在有轨电车开始运营前，会有专门的工作人员对轨道进行巡检，将杂物从轨道上清理掉。而在有轨电车开始运营期间，轨道上若是有杂物，那么对车辆运行有没有什么影响呢？答案是：当然有影响。不过有轨电车借鉴了高铁的方法，聪明的工程师们在设计有轨电车时就安装了一种叫做"排障器"的机器。排障器就如同一个扫把，安装在车轮前，当有轨电车还没触碰到障碍物时，它就已经将轨道上的杂物清理掉了，不仅避免了车辆触碰杂物而影响使用寿命，还保证了有轨电车的安全运行。

43 有轨电车接触网线布置为何呈"之"字形

仔细观察也许你会发现,带有"小辫子"的有轨电车头上时常会有像电线一样的东西,那便是接触网线。接触网是为有轨电车提供电能的装置,类似于为人类提供日常所需能量的食物。按照常规思路,有轨电车的轨道是两侧平行的钢轨,有轨电车在两个钢轨之间运行,绝大多数人会认为有轨电车的接触网线肯定是沿着轨道中心线布置的。其实不然,有轨电车的接触网线设计采用了"不按套路出牌"的"之"字形。事实上,有轨电车接触网线"不按套路出牌"可大有讲究。

有轨电车在运营时,车辆的"小辫子"(即受电弓)和接触网线存在摩擦,摩擦会使车辆受电弓和接触网线两败俱伤。为了解决这个问题,且鉴于接触网线带电并处于较高位置,就采用了"舍车保帅"的策略。聪明的设计者们在车辆受电弓和接触网线相接触的部分采用柔软的碳材料,碳材料就像一个和事佬,总会在车辆受电弓和接触网线发生争执的地方出来缓解危机,而碳材料磨损以后可以在车辆基地进行更换。当接触网线一直布置于轨道中心线时,车辆上的受电弓会和

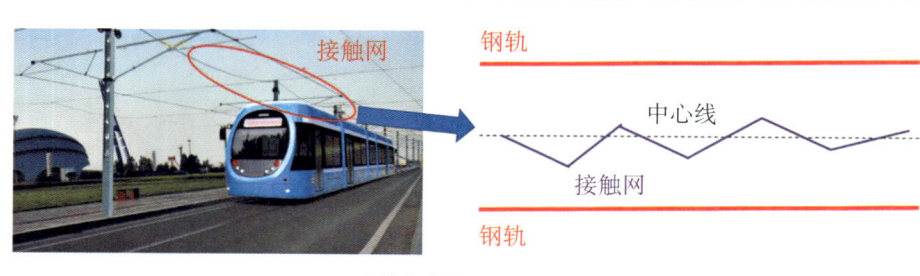

有轨电车接触网线布置

接触网线一直在同一个位置摩擦，故为了减少碳棒更换频率，一般把接触网线沿着轨道中心线，在其上方布置成"之"字形，这样就可以避免摩擦接触点集中于同一个位置，而是把破坏分散到了碳棒的各个位置，延长了碳棒的使用寿命。

44 有轨电车和地铁行驶的钢轨是一样的吗

一般轨道交通建设时可选择的钢轨类型有 50 kg/m 工字轨、60 kg/m 工字轨和槽型轨三种。

60 kg/m 工字轨使用寿命长,可降低供电损耗,具有良好的动力响应特性和更好的稳定性,养护维修量小,能延长轨道使用寿命,地铁的正线一般都采用 60 kg/m 钢轨。50 kg/m 工字轨断面面积比 60 kg/m 钢轨小,可节约钢材 17.5%,无缝线路温度力也较小,当车辆轴重小、运量少、速度低时,其耐磨性、稳定性、运行平顺性以及使用寿命均能满足使用要求。有轨电车为一种中低运量等级的轨道交通方式,其

准备铺设的槽型轨

槽型轨　　　　　　　　　　　工字轨

行车速度低、车辆长度短、计算年通过总质量小，50 kg/m 钢轨完全可以满足运营、维护要求，并可降低投资、节约能源。

槽型轨在国内外有轨电车系统中被大量使用，其主要技术优点有哪些呢？有轨电车主要行驶于城市道路中，并以地面线为主，因此对其景观性要求高，经常会采用绿化或是砖石铺装。槽型轨在钢轨上实现轮缘槽的设置，可最大限度地增加绿化和铺面面积，取得良好的景观效果。当槽型轨用于混行道时，轨道与行车路面有较好的衔接，改善了机动车的行车条件；同时，可简化轨道结构，加快施工速度。此外，有轨电车的转弯半径通常只有 30～40 m，槽型轨还能起到护轨的作用，防止车辆独立轮脱轨，同时也可减小钢轨磨耗。

考虑到建设成本的问题，当设计仅供停车检修的车辆基地时，由于不涉及景观、与城市道路平交、行车速度较低等原因，还是会采用价廉物美的 50 kg/m 工字轨。

45 有轨电车道床有小石子吗

有轨电车道床一般有两种类型：整体道床和碎石道床。在正线上的有轨电车主要是行驶在整体道床上的，而车辆基地里通常会采用碎石道床。这有什么不一样吗？为什么不用一样的呢？

整体道床结构稳定、外观整洁、养护维修量小，但对下部基础的变形要求高。有轨电车系统采用埋入式整体道床，可较好地满足景观性要求及与道路交通混行要求。所以，设计师们会将正线设计成以整体道床为主。

整体道床还分不同种类呢！有轨电车整体道床主要采用了无枕式整体道床和短枕埋入式整体道床。其中无枕式整体道床可降低轨道结构高度，但道床施工时对机具及施工水平要求较高，施工精度较难保

短枕埋入式整体道床

无枕式整体道床

碎石道床

证。短枕埋入式整体道床采用预制轨枕，具有施工精度易保证、速度快的特点，在国内城市轨道交通和有轨电车系统中被广泛采用，因此有轨电车一般地段铺设短枕埋入式整体道床。对于既有桥整体道床地段，为减少桥梁的载重负担，会采用无枕式承轨台整体道床。

碎石道床的优点是结构简单，减振、降噪性能较好，造价低，但其缺点是结构稳定性差、几何形位较难保持、景观性较差，尤其是针对混合路权段，需铺设铺面板，结构复杂，且养护维修量大。

46 有轨电车建设在既有桥梁上如何改造

当有轨电车的规划线路需要走行在既有桥梁上时，因为荷载的增加，需要对既有桥梁进行改造，这时候需考虑安全性、经济性、可实施性等因素，要经过对结构体系、上部结构、下部结构及施工方法的比选，才会决定适宜的改造方案。

方案一：拆除有轨电车范围内老桥上部结构，完全利用老桥下部结构（为满足抗震规范，老桥盖梁需局部进行加宽加固处理），新建有

有轨电车行驶在既有桥梁上

轨电车上部结构，这种方案可以充分利用老桥结构，减少桥梁工程造价。桥梁的跨径布置及净空等标准按现状桥梁实施，可实现有轨电车钢轨轨面与机动车道桥面标高基本保持一致，但是桥梁的下部结构需进行检测并加固处理，而且老桥基本已服役多年，为满足有轨电车设计使用寿命，今后老桥可能需要定期加固。

  方案二：若老桥的检测结果不符合有轨电车要求，则需新建有轨电车桥梁。为降低造价，可采用拆除有轨电车范围内老桥上部结构、新建桥梁上下部结构的方式，这样设计的优点主要是有轨电车桥梁完全新建，可完全满足有轨电车通行及机动车通行的要求，跨径布置及梁底标高等要求可参照老桥标准，同时满足结构耐久性及使用年限等要求，充分利用有轨电车范围外的老桥结构，减少桥梁工程造价。但是这样的设计也有缺点，即新、老桥间易产生不均匀沉降，桥墩错开布置可能会影响桥下船舶通航或不满足水务相关规定。

  方案三：在以上两种方案均无条件实施的时候，就只能选择造价相对较高、对现状交通影响较大的方案了，即完全拆除老桥，建新桥。

 有轨电车的排水设施是怎么设计的

为了保障有轨电车运营安全，若遇雨水管道与轨道线位重叠或在轨道影响范围内，则根据实际情况拆排重建雨水管道及检查井。如有轨电车上下行的轨道路基有条件采用分离式，也可考虑利用轨道中间的隔离带对雨水管道进行保护，保留原雨水管道。从道路两侧雨水口接至中间雨水管道的连接管如与轨道基础冲突，也需进行重建。轨道穿越路口时如与现有检查井重叠，则需考虑局部改建雨水管及检查井。

对于只在道路单侧设置雨水管的路段，由于有轨电车轨道基础将对道路一侧雨水连管造成阻隔并影响一侧道路雨水排放，一般会在现状市政雨水管道的另一侧新建一根雨水管道用来集中收集该侧路面雨水和轨道雨水，然后分段接入已建市政雨水管道或直接排入河道，且需与道路改造工程配套实施。

有轨电车本身的轨行区通常每隔30～40 m会设计一条轨道专用成品横截沟，其中路段最低点为必设处，用来收集轨道排水，横截沟接出管直径为200 mm。在有轨电车车道旁设一根专用雨水排水收集管，

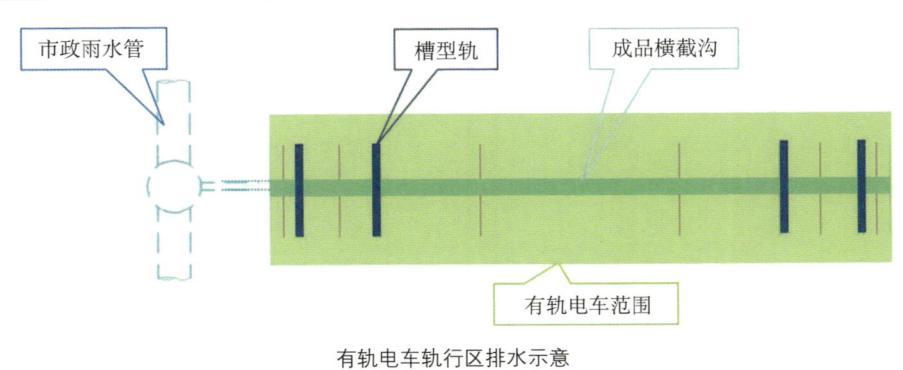

有轨电车轨行区排水示意

收集轨道区域雨水，然后分段接入已建市政雨水管道或直接排入河道。雨水排水收集管设计管径应结合具体情况计算确定，每根横截沟单独就近接入新建雨水管道雨水井。

  沿线车站的雨水收集可结合市政道路的雨水收集同步考虑，利用现有道路雨水口收集，排至市政雨水管道。部分结合地下通道设置的车站，在地下通道出入口自动扶梯下方需设置集水坑，内设潜水泵。有轨电车高架段雨水通过桥面雨水口收集后，沿柱设立管下排至市政雨水管道。

48 有轨电车在设计时考虑非正常状态运营了吗

所谓非正常状态是指有轨电车在运营中，因区间堵塞、车辆故障等原因打乱运营秩序导致全线混乱或运营中断的情况。为了减少有轨电车运营中断对城市交通造成的冲击影响，当有轨电车发生故障时，采取临时降级运行措施，以维持低水平的运行。为了恢复运行秩序，在非正常状态下，行车调度员应采取适当的行车组织措施，并通过站台 PIS 系统（乘客信息系统）显示和利用车上的广播系统对乘客进行告知和解释。有轨电车在设计时通常会考虑车辆晚点、线路故障导致区间堵塞和车辆故障的情况。

车辆晚点现象在有轨电车运营过程中经常发生。如果是一辆车或少数几辆车晚点不多，则可通过适当减少停站时间等简单措施解决。当车辆大面积晚点，通过"减停"已不能恢复正常运行秩序时，需要重新调整发车间隔，车辆运行按照非正常状态的相应模式来进行。造成车辆大幅度晚点的原因很多，如车站乘客过度拥挤、调度指挥失误、车辆故障等多种事件都会成为列车大幅度晚点的原因。一旦出现大幅度晚点，尤其在高峰运行时分，会对全线车辆的运行造成很大的影响。这时一般会选择放弃原有的时刻表，通过调整沿线车辆的运行时间和停站时间等，逐步恢复车辆运行的正常秩序。该模式运行的最终目标为尽快使在线运行车辆的间隔均匀。

线路是有轨电车运行的平台，正线上任一区间发生故障，都将直接导致有轨电车运行受阻。如果是一条线的局部堵塞，可利用另一条正线及堵塞区段两端的渡线、停车线，在该故障区段组织车辆按单线双向运行，降级维持全线贯通运营。在局部地段的两条正线均被堵塞时，可利用堵塞区段两端的渡线、折返线或停车线做折返线，组织车

有轨电车在设计时考虑非正常状态运营了吗

线路故障时的非正常状态运营模式

辆按临时小交路运行。或者利用线网的多连通性,进行迂回径路运行,避开故障区段。处于故障区段内但不能被临时交路范围覆盖的车辆,在无迂回径路时,应根据调度中心调度员的指令,尽可能在就近前方车站或区间停车,并组织乘客换乘代运公交。

车辆因自身发生故障在区间停车时,调度中心行车调度员在查清车辆可以移动后,先进行清客,并命令后续车辆在后方车站清客,然后以限速人工驾驶模式将故障车辆顶推或牵引至就近的停车场车辆段内。当车辆不能移动时,则立即下令司机和售票员引导疏散乘客至道路外,并处理故障车辆,然后再组织其他车辆按临时交路运行。

49 有轨电车在道路上的断面形式是怎么考虑的

根据有轨电车和道路断面的关系，常见的有轨电车在路段的敷设形式有路中式、单路侧式和双路侧式等布置方式。

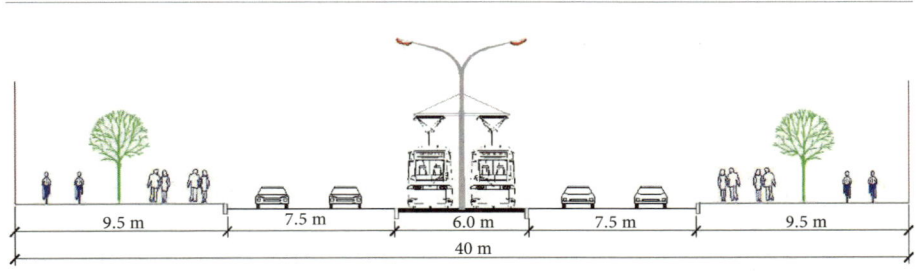

路中式敷设方案示意

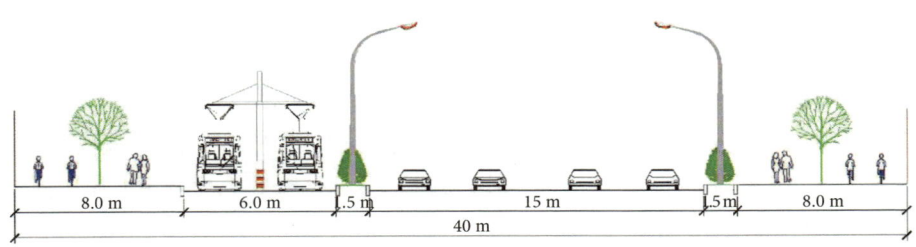

单路侧式敷设方案示意

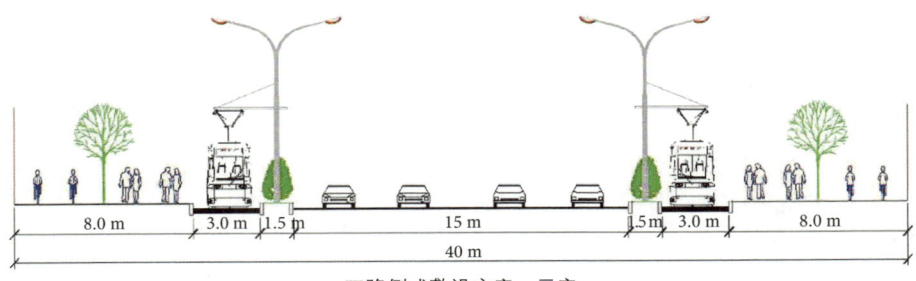

双路侧式敷设方案一示意

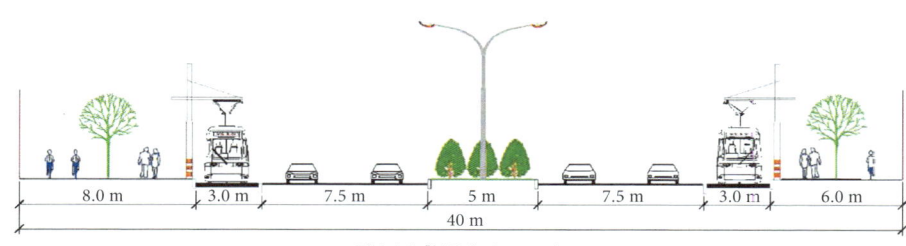

双路侧式敷设方案二示意

  结合既有道路及有轨电车的运营情况，设计时主要从有轨电车运营组织、道路交通组织、行人交通组织、道路改造及市政工程等方面的影响进行分析，选择相对合适的道路断面。

  从运营角度看，路中布局较路侧布局对有轨电车系统更有利，容易升级专用路权，与其他交通之间的干扰小，运输效率高，但是乘客上下车存在安全隐患，需增设专用人行过街设施。路侧布局更适宜常规公共交通系统，如果系统升级或对道路进行改造，需增设护栏，确保系统运营安全、高速，进一步增加系统对道路的分隔。

  从交通组织角度看，路中布局对两侧单位出入口影响小，进出车流易于组织，在交叉口仅对左转车流存在影响，而且行人与有轨电车之间不存在干扰。而路侧布局在这些方面不具备优势。

  最后，还需对道路改造及市政工程影响方面进行比较，根据涉及雨水管、污水管、自来水管线、电缆线、电信线等管线的移位搬迁工程量，考虑系统建设成本。

  路中、路侧布局方式各有其优缺点，但总体来说，路中布局方式更有利于有轨电车的运营，能够最大限度地保证有轨电车的优先通行。考虑到有轨电车系统通常被定位为骨干公交系统，为保证有轨电车的行驶速度、提高有轨电车的通行效率，在道路改造条件允许的情况下，应尽量采用路中布局形式。

  而在部分交通量较小或道路改造条件受限制，且对沿线道路两侧出入口影响不大的情况下，可因地制宜地选择路侧布局形式。

参考文献

[1] 季泽茜. 有轨电车与近代中国城市的发展 (1899—1937) [J]. 黑龙江史志，2021(5)：25–27，35.

[2] 吴怡静，程清远. 现代有轨电车售检票关键技术指标研究 [J]. 工程技术研究，2019，4(23)：7–8.

[3] 吴琼. 北京自动驾驶车辆道路测试报告 (2019)[J]. 智能网联汽车，2020(2)：46–55.

[4] 齐欣，冯昕，黄洁. 有轨电车与常规公交共线布置问题分析 [J]. 物流工程与管理，2021，43(5)：74–76.

[5] 中华人民共和国住房和城乡建设部. 建筑结构可靠性设计统一标准：GB 50068—2018[S]. 北京：中国建筑工业出版社，2018.

[6] 姚幸，沈家林，陈晓锋. 上海松江有轨电车示范线的技术创新 [J]. 城市轨道交通研究，2020，23(S1)：42–46.

[7] 张明锐，李俊江，陈日发. 触网式有轨电车供电系统仿真软件的开发与应用 [J]. 城市轨道交通研究，2019，22(9)：131–135.

[8] 刘高原，李鸿春，冯爱军. 中国有轨电车行业发展分析与建议 [J]. 都市快轨交通，2019，32(1)：102–109.

[9] 张颖. 现代有轨电车环境影响及其线网规划环境合理性分析 [J]. 都市快轨交通，2019，32(1)：110–114.

[10] 徐正良，程樱. 城市轻轨交通系统工程设计 [M]. 上海：同济大学出版社，2021.

[11] 金福来. 浅谈地铁车辆清洗与环境的协调 [J]. 哈尔滨铁道科技，2012(3)：42–43.

[12] 上海市城市建设设计研究总院. 有轨电车工程设计规范：DG/TJ 08–2213—2016[S]. 上海：同济大学出版社，2016.

[13] 徐正良. 有轨电车概论 [M]. 北京：中国铁道出版社，2018.